典雅亭台楼阁

李姗姗 主编

汕頭大學出版社

图书在版编目（CIP）数据

典雅亭台楼阁 / 李姗姗主编. -- 汕头 ：汕头大学
出版社，2017.1（2023.8重印）
（千秋名胜古迹）
ISBN 978-7-5658-2848-5

Ⅰ．①典… Ⅱ．①李… Ⅲ．①庭院－园林建筑－古建
筑－介绍－中国 Ⅳ．①K928.73

中国版本图书馆CIP数据核字(2016)第293516号

典雅亭台楼阁　　　　　　　DIANYA TINGTAI LOUGE

主　　编：李姗姗
责任编辑：宋倩倩
责任技编：黄东生
封面设计：大华文苑
出版发行：汕头大学出版社
　　　　　广东省汕头市大学路243号汕头大学校园内　邮政编码：515063
电　　话：0754-82904613
印　　刷：三河市嵩川印刷有限公司
开　　本：690mm×960mm　1/16
印　　张：8
字　　数：98千字
版　　次：2017年1月第1版
印　　次：2023年8月第4次印刷
定　　价：39.80元
ISBN 978-7-5658-2848-5

前　言

党的十八大报告指出："把生态文明建设放在突出地位，融入经济建设、政治建设、文化建设、社会建设各方面和全过程，努力建设美丽中国，实现中华民族永续发展。"

可见，美丽中国，是环境之美、时代之美、生活之美、社会之美、百姓之美的总和。生态文明与美丽中国紧密相连，建设美丽中国，其核心就是要按照生态文明要求，通过生态、经济、政治、文化以及社会建设，实现生态良好、经济繁荣、政治和谐以及人民幸福。

悠久的中华文明历史，从来就蕴含着深刻的发展智慧，其中一个重要特征就是强调人与自然的和谐统一，就是把我们人类看作自然世界的和谐组成部分。在新的时期，我们提出尊重自然、顺应自然、保护自然，这是对中华文明的大力弘扬，我们要用勤劳智慧的双手建设美丽中国，实现我们民族永续发展的中国梦想。

因此，美丽中国不仅表现在江山如此多娇方面，更表现在丰富的大美文化内涵方面。中华大地孕育了中华文化，中华文化是中华大地之魂，二者完美地结合，铸就了真正的美丽中国。中华文化源远流长，滚滚黄河、滔滔长江，是最直接的源头。这两大文化浪涛经过千百年冲刷洗礼和不断交流、融合以及沉淀，最终形成了求同存异、兼收并蓄的最辉煌最灿烂的中华文明。

五千年来，薪火相传，一脉相承，伟大的中华文化是世界上唯一绵延不绝而从没中断的古老文化，并始终充满了生机与活力，其根本的原因在于具有强大的包容性和广博性，并充分展现了顽强的生命力和神奇的文化奇观。中华文化的力量，已经深深熔铸到我们的生命力、创造力和凝聚力中，是我们民族的基因。中华民族的精神，也已深深植根于绵延数千年的优秀文化传统之中，是我们的根和魂。

中国文化博大精深，是中华各族人民五千年来创造、传承下来的物质文明和精神文明的总和，其内容包罗万象，浩若星汉，具有很强文化纵深，蕴含丰富宝藏。传承和弘扬优秀民族文化传统，保护民族文化遗产，建设更加优秀的新的中华文化，这是建设美丽中国的根本。

总之，要建设美丽的中国，实现中华文化伟大复兴，首先要站在传统文化前沿，薪火相传，一脉相承，宏扬和发展五千年来优秀的、光明的、先进的、科学的、文明的和自豪的文化，融合古今中外一切文化精华，构建具有中国特色的现代民族文化，向世界和未来展示中华民族的文化力量、文化价值与文化风采，让美丽中国更加辉煌出彩。

为此，在有关部门和专家指导下，我们收集整理了大量古今资料和最新研究成果，特别编撰了本套大型丛书。主要包括万里锦绣河山、悠久文明历史、独特地域风采、深厚建筑古蕴、名胜古迹奇观、珍贵物宝天华、博大精深汉语、千秋辉煌美术、绝美歌舞戏剧、淳朴民风习俗等，充分显示了美丽中国的中华民族厚重文化底蕴和强大民族凝聚力，具有极强系统性、广博性和规模性。

本套丛书唯美展现，美不胜收，语言通俗，图文并茂，形象直观，古风古雅，具有很强可读性、欣赏性和知识性，能够让广大读者全面感受到美丽中国丰富内涵的方方面面，能够增强民族自尊心和文化自豪感，并能很好继承和弘扬中华文化，创造未来中国特色的先进民族文化，引领中华民族走向伟大复兴，实现建设美丽中国的伟大梦想。

目　录

武灵丛台

　　丛台又称"武灵丛台"，是古城邯郸的象征，位于河北省邯郸市中心丛台公园内。武灵丛台始建于战国赵武灵王时期，也就是公元前325年至公元前299年，是赵王检阅军队与观赏歌舞之地。

　　颜师古《汉书注》记载，因楼榭台阁众多而"连聚非一"，故名"丛台"。台上原有天桥、雪洞、花苑、妆阁诸景，结构严谨，装饰美妙，曾名扬列国。

　　有诗"天桥雪洞奇观曾扬名华夏，花苑庄阁诸景曾流传后世"赞美丛台。

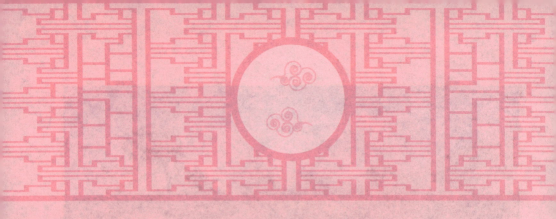

因胡服骑射而建丛台

战国时期赵国赵武灵王即位时，赵国正处在国势衰落时期，就连中山国那样的小国也经常来侵扰。而在和一些大国的战争中，赵国常吃败仗，眼看着就要被别国兼并，赵武灵王心里非常着急。

由于赵国地处北边，经常与林胡、楼烦、东胡等北方游牧民族接触。有一次，赵武灵王发现胡人在军事服饰方面有一些特别的长处。

他们都身穿短衣、长裤，作战时骑在马上，动作十分灵活。开弓射箭，运用自如，往来奔跑，迅速敏捷。

而赵国军队虽然武器精良，但多为步兵和兵车混合编制，加上官兵都身穿长袍，甲胄笨重，骑马很不方便。因此，在交战中常常处于不利地位。

有一天，赵武灵王对谋士楼缓说："北方游牧民族的骑兵来如飞

鸟，去如绝弦，是快速反应部队，带着这样的部队驰骋疆场哪有不取胜的道理。我觉得咱们穿的服装，干活打仗，都不太方便，不如胡人短衣窄袖，脚穿皮靴子，行动方便灵活。我打算仿照胡人的风俗，把服装改一改，你看怎么样？"

谋士楼缓听后很赞成赵武灵王的话。为了富国强兵，赵武灵王提出"着胡服，习骑射"的主张，决心取胡人之长补中原之短。

可是由于胡服骑射不单是一个军事改革措施，同时也是一个国家移风易俗的改革，是一次对传统观念的更新，因此，在施行之初阻力很大，除了百姓接受有困难外，朝廷内的抵触情绪也很大。

公子成等人以"易古之道，逆人之心"为由，拒绝接受变法。

赵武灵王驳斥他们说："德才皆备的人做事都是根据实际情况而采取对策的，怎样有利于国家的昌盛就怎样去做。只要对富国强兵有利，何必拘泥于古人的旧法。"

赵武灵王抱着以胡制胡，将西北少数民族纳入赵国版图的决心，冲破守旧势力的阻拦，毅然发布了"胡服骑射"的政令。

赵武灵王号令全国着胡服，习骑射，并带头穿着胡服去会见群臣。胡服在赵国军队中装备齐全后，赵武灵王就开始训练将士，让他们学着胡人的样子，骑马射箭，转战疆场，并结合围猎活动进行实战演习。

公子成等人见赵武灵王动了真的，心里很不是滋味，就在下面散布谣言说："赵武灵王平素就看着我们不顺眼，这是故意做出来羞辱我们。"

赵武灵王听到后，召集满朝文武大臣，当着他们的面用箭将门楼上的枕木射穿，并严厉地说："有谁胆敢再说阻挠变法的话，我的箭就穿过他的胸膛！"

公子成等人面面相觑，从此再也不敢妄发议论了。在赵武灵王的亲自教习下，国民的生产能力和军事能力大大提高，在与北方民族及中原诸侯的抗争中起了很大的作用。

为了检阅军队，赵武灵王建造了丛台。在胡服骑射、勤练兵马的情况下，终于使赵国成为战国七雄之一。后来打败了经常侵扰赵国的中山国，还向北方开辟了上千里的疆域。

而为了检阅军队的丛台，同时也成了赵武灵王观赏歌舞之地。据历史记载，丛台上有天桥、雪洞、妆阁、花苑诸景，规模宏大，结构奇特，装缀美妙，名扬列国。

"丛台"名称的来历，是因为当时许多台子连接垒列而成。在历史经典《汉书》中记载："连聚非一，故名丛台。"古人曾用"天桥接汉若长虹，雪洞迷离如银海"的诗句，描绘了丛台的壮观。

至唐代，在丛台发生了一件极为感人的故事，那就是流传千古的"梅开二度"。

相传，山东济南府历城知县梅魁，在任十年，为官清正，"只吃民间一杯水，不要百姓半文钱"。

在他被晋升为吏部都给事以后，对奸相卢杞不仅不趋炎附势，而且敢于正面冲突。因而被奸相卢杞陷害，斩首西郊。卢杞还假借圣意，捉拿梅魁全家。

梅魁的儿子梅良玉和他母亲，只好弃家而逃，开始颠沛流离的生活。在朝为官的陈东初与梅魁结交甚密，终日寻梅魁之子不见。

陈东初有一个女儿，名为陈杏元。她种植一棵梅花树，时当花

期，正喷香吐艳。忽一日，无缘无故，那梅花树的枝儿蔫了，花儿落了。

何故无风无雨花自残，陈杏元大惑不解。也在这一日，陈杏元的父亲差人送来一位书童。

这书童聪明伶俐，才貌超人，后来得知，他原是被奸臣残害的忠良知县梅魁之后，名叫梅良玉。原来，梅花自败是应在了他的身上。

这不禁使陈杏元内心里萌生了一种难以名状的感情。梅、陈两家是至交，两人从此以兄妹相称。

后来，陈东初索性将杏元许配给良玉。这一消息后被奸相卢杞得知。此时正值北邦沙陀国南侵，大唐难以抵挡便决定由美人去和亲。

卢杞为拆散陈梅的姻缘，就奏请唐皇，封杏元为御妹，外嫁沙陀王，以解边关之患。

邯郸当时是边陲要塞，凡去北邦的人，都要登临丛台，与亲人告别。尚未完婚的陈杏元与梅良玉，也含泪来到丛台之上，杏元要梅兄每年清明时，面北背南哭她一声，并交给良玉一支金钗说："见钗如见杏元。"良玉则表示今生不再娶。

陈杏元泪别梅良玉，凄凄惨惨地走出国境，在路经一处悬崖时，杏元闭眼纵身跳下，却奇迹般地被一老妇人救走并收作义女。

真是无巧不成书，梅良玉自丛台与陈杏元离别后，改名穆荣来到老妇人家做了账房先生。亲人相遇，分外惊喜。

转眼，大比之年来临，良玉金榜题名。他上奏唐皇，参倒奸相卢杞，为父申了冤。唐皇赐婚，让他与义妹陈杏元喜结良缘。

就在他俩完婚之日，杏元家那棵老梅树又二度重开，而且艳丽无比，满院飘香。人们为了纪念此事，还写了一首诗：

簇簇梅花数丈高，

天赐尔露天下曹；

狂风难抵神威力，

二度梅花万古少。

在后来的明代，人们在梅良玉和陈杏元分别的地方建造了"据胜亭"，其意是在防御上据此者胜。据胜亭圆拱门门楣上有"夫妻南北，兄妹沾襟"八个大字，在丛台下还有汉白玉雕像，讲的就是"梅开二度"的故事。

知识点滴

丛台的"梅开二度"的故事在我国民间流传很广，在清代初年被编为章回小说《二度梅全传》。

这两个青年人的爱情故事交叉描绘，彼此辉映，构成了曲折复杂、引人入胜的故事情节，使整个作品变化多端，波澜起伏，不时陷入绝境，旋即绝处逢生，扣人心弦，感人肺腑，是一部可读性很强的小说。

后来京剧、豫剧、川剧、汉剧、湘剧等剧种都有这个剧目，尤其是"丛台别"一场戏，是剧中的重头戏。

扬名天下的丛台文化

　　丛台是文人墨客在邯郸游历的必经之地。历代名人学士来到丛台，游览怀古，留下了大量诗词笔墨，唐代大诗人李白、杜甫、白居易等，曾登楼远眺，成为古往今来的佳话。李白在丛台更是留下了"歌酣易水动，鼓震丛台倾"的名句。

宋代诗人贺铸的《丛台歌》也非常有名，写道：

> 人生物数不相待，摧颓故址秋风前。
> 武灵旧垅今安在，秃树无阴困樵采。
> 玉箫金镜未销沈，几见耕夫到城卖。
> 君不见丛台全盛时，绮罗成市游春晖。

清代，丛台也引起了乾隆皇帝的兴趣。在1750年秋天，他登上丛台，亲笔写下七律《登丛台》：

> 传闻好事说丛台，
> 胜日登临霁景开。
> 丰岁人民多喜色，
> 高楼赋咏谢雄才。

还有一首七古《邯郸行》：

> 初过邯郸城，因做邯郸行，
> 邯郸古来佳丽地，征歌选舞捎银筝。

这两首诗，前者歌颂赵武灵王的文治武功，描绘了丛台巍峨景象。后者表现邯郸的民俗风物，述

说邯郸出美女、多丝蚕、善习武的特点。

丛台在后来漫长岁月中，经历了无数次的天灾人祸的破坏，存留下来的为后来重建的。其中1750年建行宫于台上。

存留下来的丛台高26米，南北皆有门。从南门拾级而上，东墙有"滏流东渐，紫气西来"八个大字。从北门沿着用砖和条石铺成的踏道，步步登高跨过门槛，迎门而立的碑刻，正面刻有清代乾隆皇帝《登丛台》的一首律诗，背面是他的七古《邯郸行》。

丛台的第一层是个院落。院内坐北朝南的亭屋叫"武灵馆"，西屋为"如意轩"，院中间有"回澜亭"，院内台壁上嵌有进士王韵泉和举人李少安分别画的"梅""兰"石碣。

丛台的二层坐北朝南的圆拱门门楣上，写有"武灵丛台"四个古体黑字。进圆拱门，是明嘉靖十三年始建亭于台上的据胜亭。

登上丛台极目远眺，西边的巍巍太行山层峦起伏，西南赵国都城遗址赵王城蜿蜒的城墙隐约可见，西北便是赵国的铸箭炉、梳妆楼和插箭岭的遗址。俯视台下，碧水清波，荷花飘香，垂柳倒影。

台西有湖，湖中有六角亭，名"望诸榭"。相传很早以前湖中有个小土丘，丘上有个小庙是早年间修建的乐毅庙。

乐毅是燕国"黄金台招贤"选中的大将。燕与齐两国有旧仇，此时齐又与秦争胜，诸侯都骇于齐愍王的骄暴，皆愿与燕联盟伐齐。于是燕昭王起兵，拜乐毅为上将军，赵惠文王也以相国印授乐毅。

乐毅于是并统赵、楚、韩、魏、燕五国之兵伐齐，在伐齐时，乐毅一气攻下齐国70余座城池，几乎亡齐，后来燕国封乐毅为昌国君。

燕昭王的继任者燕惠王为太子时与乐毅即有矛盾，继位后疑忌乐毅，燕惠王听信齐国田单的反间计，召乐毅回燕都，阴谋杀害他。乐毅识破燕惠王的图谋，直回赵国，被赵王封为"望诸君"。

后来齐国名将田单与骑劫战，大破骑劫于即墨城下，追亡逐北，直迫于燕境，将被占领的齐城全部收复。燕惠王责备乐毅避亡到赵国，乐毅回致的《报遗燕惠王书》载于《史记》，成为历史名篇。

后来，后人为了纪念这位政治家、军事家的功绩，专门为他在丛台湖旁边修建了"望诸榭"。

丛台因为乾隆皇帝的题诗更加名声大噪。乾隆皇帝是清代第六位君主，他喜好旅游，不少名山大川、人文胜地都留下他的足迹。乾隆向慕风雅，喜书法，善诗文，每到一地，必亲笔书写，据说他一生所作诗文达1300余篇、40000余首。

1961年，著名历史学家郭沫若来到丛台，看到乾隆的题诗，不觉诗兴大发，提笔应和乾隆诗，写下七律："邯郸市内赵丛台，秋日登临曙色开；照黛妆楼遗废迹，射骑胡服思雄才。"如今，丛台公园门口悬挂的门匾，就是根据郭沫若的题字拼合而成的。

九江烟水亭

　　烟水亭位于江西省九江长江南岸的甘棠湖中，相传为三国时名将周瑜的点将台故址。烟水亭是一座文格独特的复式亭台。烟水亭建在甘棠湖中，湖面像一面明镜，烟水亭就像镜子上镶嵌的一颗明珠，光华夺目。

　　烟水亭是历代文人骚客宴游之地。亭内有风格各异的楹联匾额，或叙事绘景，或写意抒情，游亭观联，雅趣盎然，使烟水亭具有了深厚的文化内涵！

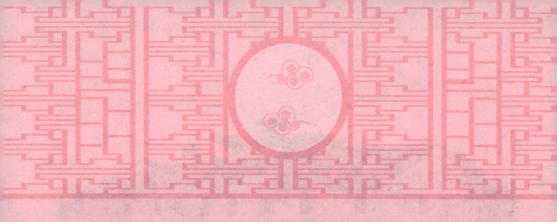

周瑜出征的点将台

　　相传，三国时期的东吴水军都督周瑜，曾经在甘棠湖中的小岛上进行过点将仪式。

　　在208年，曹操率领83万人马，离开许昌，浩荡南下，追赶刘备，准备一举拿下荆州，觊觎东吴。孙权封周瑜为大都督，命令他率领水

军在甘棠湖中日夜操练，迎击曹军。

古时，甘棠湖与长江、鄱阳湖相通，水域宽阔，为东吴的一处水上要塞。当年，甘棠湖上战舰云集，雄师队列。

雄才大略的周瑜在此挥师点将，联合刘备，大败曹兵于赤壁，这就是历史上有名的"赤壁之战"。在我国古代军事史上，创造了以少胜多、以弱胜强的范例，因此，甘棠湖又称为"周瑜点将台"。

至唐代，江州司马白居易曾荡舟至此眺望湖光山色，感兴赋诗。北宋时期，理学家周敦颐见此岛状如月，遂名"浸月"。

后人在岛上建"浸月亭"，寓景于白居易《琵琶行》诗中"别时茫茫江浸月"的诗意，也寄托了后人对白居易、周敦颐两位贤人的怀念。

后来，周敦颐的儿子周寿从湖南来到江州为父守墓，见甘棠湖一带"山头不沟薄茏烟"，遂在湖堤建一亭，名为"烟水亭"。

至明代，两亭俱废。1593年，九江关督黄腾春于浸月亭故址重建一亭，取名"烟水亭"，这就是存留下来的烟水亭了。

关于黄腾春建造烟水亭还有一个传说呢！

传说在1593年的一天，九江关督黄腾春，在游览甘棠湖后，回到家里。在晚上做了梦，梦见了吕洞宾教他为瞎眼的母亲治疗眼病，并将他母亲的病眼治好了。从此后，黄腾春的母亲真的重见了光明。

黄腾春感慨万千，在浸月亭原址上重建亭台，用来祭祀吕洞宾，并将新亭叫作"烟水亭"。

烟水亭建成后，因其宁静淡雅的景观和历史韵味吸引无数文人骚客，他们在烟水亭游玩休憩之余，还写下诸多的楹联、诗词名篇等。

清代德化县令罗广煦所写的楹联是：

才识庐山真面目；

且将湖水洗心头。

还有清代九江关督唐英撰写的楹联。《九江府志》评价说："远慕高风，长课士烟水亭上。"楹联写道：

道是当年旧烟月；

好将胜地记湖山。

清代九江府官吏杨曾尉也撰写过楹联：

公幻邯郸梦，我游烟水亭，谁真谁假；

剑拍东林云，鹤飞西江月，亦佛亦仙。

在旧题烟水亭上有一副楹联，脍炙人口已久，其中词语多有出入。撰联者为清代江西巡抚衙门僚属黄少白。楹联写道：

那堪吟白赋诗，琵琶人老，枫荻秋深，叹几个迁谪飘零，相逢处且休说故里繁华，他乡沦落；

此便是邯郸道，午梦初醒，黄粱久熟，觉毕生功名富贵，霎时间都付与微茫烟水，缥缈江波。

　　烟水亭经过历代增建，至1811年的清代，烟水亭已初具规模，成为九江的名胜了。后来，烟水亭又遭兵火，毁于战乱。至1862年至1874年的清代，有一个叫古怀的和尚四处募捐钱物，再次重建，1874年以后，烟水亭才形成存留下来的规模。

　　重建后的烟水亭更加有名，不仅诗人前往游历，书画家等社会名流也前来烟水亭游玩，留下了诸多作品，为烟水亭增色不少。清末书画家何云龙在来烟水亭游玩后写有楹联：

　　　　　笑傲烟霞，神仙福分原非小；
　　　　　交融水乳，文字因缘不厌多。

　　此联原有跋：

　　南浔铁路同仁，结新莲诗社，并于乙卯年七月七日假烟水亭成立，余谨题联志盛。

清代末期都昌廪贡生李乘时也曾游历过烟水亭，留下了墨宝：

　　　　　晚上孤亭，影倒一湖烟水；
　　　　　夜横高枕，声来九派风涛。

此联有跋：

　　光绪戊戌八月，偕易实甫，唐华斋，雷道人游此，次子庭毓由都门来，亦即兴焉。

李乘时曾读书白鹿洞中。跋文中所记易实甫、唐华斋均为当时社会名流。文中的雷道人，法号缁磷，为当时住亭长老。

1898年的清代九江人蔡公时也撰写了一楹联：

请看世局如棋，天演竞争，万国人情同剧里；
好向湖亭举烟，烟波浩渺，双峰剑影落樽前。

清代末期九江人京师大学堂监督刘廷琛，也曾在烟水亭留下楹联：

万态幻云烟，只有溯游鸥自在；
孤怀笑山水，几回清浅鹤归来。

此联署款为："岁在癸亥仲冬月邑人刘廷琛撰并书。"清代末期江西婺源人江湘岚对烟水亭也大加赞赏，写道：

凭栏看真面庐山，顾盼自雄，苍莽乾坤双剑颖；
把盏吊小乔夫婿，溯游宛在，迷茫烟水一亭秋。

清代末期住亭僧寒叶极擅长诗文，他对烟水亭写过如下楹联：

细念金经常听雨；

澹吟佳句且焚香。

此联署款为："乙未孟秋月释寒叶撰郭友麟补书。"同样的清代住亭道人雷寄云撰写楹：

轩窗远渡云峰影；

几席平分月漾光。

烟水亭是历代文人墨客宴游之地。这些楹联，都为烟水亭添加了历史文化底蕴！

烟水亭还有一副非常有名的楹联，联曰："到此听万籁笙竽，问谁识天外官商，空中韶濩；有客会重阳风雨，同领略湖山画稿，今古揪枰。"

此联有跋写道："乙未九月偕甘澍、星丞、惺予、竹琴、干卿、寿安、晴川诸君子宴集亭中，酒酣，湖南易笏山先生翩然而至，相与分韵赋诗，因以斯联以概游览之胜。"撰联者吕璜为清末九江举人。跋中所记七人均为清代末期九江名流。

知识点滴

世外桃源的浸月岛

烟水亭位于甘棠湖上的浸月岛上。甘棠湖古名称为"景阳湖"，面积约80万平方米，平均水深1.4米，由庐山泉水汇聚而成。

甘棠湖在三国时期曾是东吴的水军基地，湖区内景色优美，杨柳依依，碧波荡漾，烟水亭在湖中好似一颗明珠。

烟水亭是我国罕有的风格独特的复式亭台，占地1789平方米。浸月岛上的建筑群分为左、中、右三部分。人们习惯上称岛上整个建筑为烟水亭，其实每座建筑各有名称。

烟水亭左为翠照轩、听雨轩、亦

亭。右为浸月亭和船厅，中间依次是烟水亭、纯阳殿、五贤阁、观音阁，后有水阁幽房，前是新拜台。

这三组建筑既各具特色又相互联系。形式变化多样，风格协调统一。庭院、天井内花木扶疏、秀石玲珑，清新典雅，让人赏心悦目，是一座典型的江南水上园林。

烟水亭整体建筑布局不拘一格，呈不对称分布。在不对称的建筑风格中去追求和谐统一，是一座十分雅致的水上亭台。在船厅前悬挂的"烟水亭"三个大字，是清代德化县令张光裕书写的。

甘棠湖中，烟水亭楼台远离世俗红尘。走过九曲小桥，进入洞门，即到四周环水的烟水亭。在粉墙环抱、楼台高耸、绿树浓郁、湖平如镜的环境中，犹如到达世外桃源。

烟水亭为水榭式建筑，有船厅、翠照轩、境波楼和纯阳殿等。纯阳殿左壁嵌石碑一方，上刻有大草书"寿"字，传为吕洞宾手迹。

据府志记载，"八洞神仙"之一的吕洞宾曾当过浔阳县令，为九江人办过不少好事。纯阳殿中的吕洞宾塑像早已毁于兵祸，殿后留下

一通相传吕道人亲书的"寿"字碑。

字体龙飞凤舞，形若游龙，气势磅礴，细观金字由"九转成丹"四字合成，体现了道家"炼丹""修仙"的思想，观之妙趣横生。

据说这通似"寿"字碑，也寄寓了吕洞宾对九江百姓人寿年丰的美好祝愿。

纯阳殿内还有东林寺标记的砂钵。亭前方丈地，石雕围栏贴水而起，垂柳翠柏点缀其间。两边有石凿"藏剑匣"，相传因为庐山北双剑峰之刃直对九江市，于是人们凿石匣收藏，有纳峰藏剑之意。

据记载："九江常遭屠城和匪寇骚扰，按阴阳家之说，皆因郡城面对庐山双剑峰所致。"

早在宋代，郡守唐立方乃辟谯楼前地筑为两城，夹楼矗其上，谓之匣楼，说道："匣实藏剑。"后遭战火毁损。后来的石匣凿于1873年，为知县陈鼐扩建烟水亭时所凿刻而成。

从烟水亭向南眺望，在湖面波光粼粼、水岸交接的极远处，青黛色的山脉起伏迤逦，此即名闻中外的避暑胜地庐山。在烟水亭远眺，别有一番景色。

过去，烟水亭是本城民众祭祀先贤的香火之居。五贤阁内纪念的五位贤士和贤吏分别是东晋田园诗人陶渊明、唐代江州刺史李渤、唐代江州司马白居易、宋代理学大师周敦颐、明代理学大师王阳明。

立于亭前，遥望庐山，只见山如屏障，烟云缥缈，湖光山色尽收眼底。

在湖中有唐代江州刺史李渤筑的长堤，长堤上有宋代建筑的"思贤桥"，把甘棠湖一分为二。由此堤可登上高12米、六角三层的"映月楼"，举目眺望，绿波涟漪，彩霞映波，岸柳成荫，景色如画。

以前，到烟水亭游览是要坐船的，后来，为了方便游人欣赏烟水亭的美景，增建了九曲桥，将烟水亭与湖岸相连。

后来，又在亭前建起了周瑜点将台，"周瑜"又可在这里点将派兵了。烟水亭内还有"周瑜战迹陈列馆"，馆中介绍了周瑜的生平，正中一座3米多高的周瑜塑像，携书拷剑，再现了这位儒将的飒爽英姿。

西面的院子除了船厅，还有一个叫作"浸月亭"的小亭子被花

草、秀石簇拥着，算是对昔日浸月亭的一种追念吧！

烟水亭所在的岛屿，楼阁掩映的每一处建筑，都是对古人的一种追念。这里的一处处殿阁檐牙交错、雀替相连，吸引着世人的目光。

在烟水亭，后来人们还曾在此举行过一次"周瑜点将"的仿古活动。

一声铳响，狼烟四起，一队队甲盔鲜明的东吴卫士，从旌旗猎猎的烟水亭内开出。紧接着八个身着汉服的侍女，手执宫灯，也从烟水亭中款款而出，直至走到拜台，分列两旁。

在拜台方亭的一侧，一面杏黄色的"周"字大旗，迎风招展，"水军都督"四个大红灯笼高悬两旁。周瑜头着纶巾，腰挎宝剑虎步登场，高唱："江东地广千里，兵精足用，英雄乐业，尚当横行天下，为汉家除残去秽……"

古老的浔阳城硝烟弥漫，金戈齐鸣，再现了当年周瑜点将，赤壁大战的历史画卷。

绍兴

　　兰亭是东晋著名书法家王羲之的寄居处，位于浙江绍兴西南的兰渚山下。

　　兰亭这一带崇山峻岭，茂林修竹，又有清流激湍，映带左右，是山阴路上的风景佳丽之处。

　　相传春秋时越王勾践曾在此植兰花，汉代时设驿亭，故名"兰亭"。

　　353年，东晋大书法家王羲之邀请了42位文人雅士在兰亭举行了曲水流觞的盛会，并写下了被誉为"天下第一行书"的《兰亭集序》，王羲之被尊为"书圣"，兰亭也因此成为书法圣地。

饮酒赋诗的兰亭集会

春秋时期，浙江绍兴兰渚山下有一条小溪，当时的越王勾践，为了麻痹吴王夫差相信他不再企图复国，他便屈身在这条小溪旁，开垦滩地种植兰花。

勾践的兰花种得很不错，兰花一开使得小溪两边花香飘飘，人们于是就叫这条小河为兰溪。后来，有人在兰溪边修了一座亭子，并取名叫兰亭。后来兰亭成了东晋大书法家王羲之的寄居处。

魏晋时，每年农历的三月初三，人们都要到水边嬉游，并且雅致地称

其为"上巳修禊"。这一天，人们聚集水边举行祭祀仪式，用水洗涤污垢灾晦，以求祛除不祥。这个风俗起自汉代，到了晋朝以后逐渐演变成文人墨客踏青游春、饮酒赋诗的娱乐了。

353年，在会稽当太守的王羲之邀请朝廷官员谢安、谢万、孙绰等人及亲友41人，来到兰亭集会。

这天，王羲之一行在兰溪岸边，尽情地享受着惠风和畅的自然风光。一行人乘着雅兴，聚集在兰亭下的兰溪旁，目睹秀水青山，耳闻微澜轻风。他们围坐在弯弯曲曲的兰溪之畔，将盛有酒的觞置于水中，任其顺水漂流，酒杯漂到谁的面前，谁便要饮酒赋诗，作不出诗者罚酒三杯，以此为娱乐。

这样的活动被大家赋予了一个美丽的名字"曲水流觞"。后来，为了纪念"曲水流觞"这一活动而专门在兰亭旁修建了流觞亭。

酒杯被放入流水之中，第一个在名士曹华的面前停下了。曹华看着面前的酒杯，哈哈一笑，吟道：

愿与达人游，解结遨濠梁。
狂吟任所适，浪流无何乡。

　　曹华吟完后，顺手将酒杯向前一推，酒杯向不远处的名士曹茂之漂去。曹茂之看到酒杯向自己漂来，抬头看看朋友，抖抖衣袖吟道：

时来谁不怀，寄散山林间。
尚想方外宾，迢迢有余闲。

　　曹茂之吟完之后，笑着向周围人问道："可过否？"
　　"可过，可过。"在一片称赞声中，曹茂之将酒杯向水流中央推去。酒杯在水流的推动下，晃晃悠悠漂动着，来到了华茂与恒伟两位名士之间。华茂轻轻抖动手中短剑，将酒杯引到自己面前，对着恒伟歉意地说道："恒兄，小弟先来了。"随即吟道：

> 林荣其郁，浪激其隈。
> 泛泛轻觞，载欣载怀。

说完之后，华茂收回短剑，酒杯顺着水流漂到恒伟面前，华茂看向恒伟，说："恒兄，酒尚温。"

恒伟哈哈大笑，开口道："华兄，恐怕要让你失望了，听我的！"吟道：

> 主人虽无怀，应物贵有尚。
> 宣尼遨沂津，萧然心神王。
> 数子各言志，曾生发清唱。
> 今我欣斯游，愠情亦暂畅。

恒伟与华茂两人不远处，坐着另外一位才子，名叫孙绰。孙绰不

甘落后，对两人说道："且将觞交予小弟。"

酒杯在流水中被恒伟轻轻一拨，漂到孙绰面前。孙绰不等酒杯临近，看着王献之，口中吟道：

流风拂枉渚，停云荫九皋。

莺语吟修竹，游鳞戏澜涛。

携笔落云藻，微言剖纤毫。

时珍岂不甘，忘味在闻韶。

转瞬之间，酒杯划过孙绰面前，向王献之而去。王献之是王羲之的第七个儿子，此时年仅十岁，他看着忽忽悠悠飘过来的酒杯，心情变得慌乱起来，绞尽脑汁也无法作出诗词来。王献之在众人的笑声中抬头看着父亲，他发现父亲脸上也带着微笑。

王献之红着脸在众人的笑声中，被满满的罚酒三大杯。喝完之后，游戏重新开始。由王献之重新开局，酒杯再一次进入流水之中，缓缓向下游流去。

　　王家子弟纷纷献诗助兴，引得众人一阵羡慕，赞叹"琅琊王家"真是人才辈出。

　　酒杯漂出王家子弟范围，来到名士魏滂面前。魏滂看着酒杯刚刚漂过的地方，伸手将身边的酒杯端起，满饮一杯后抬头仰天吟道：

> 三春陶和气，万物齐一欢。
> 明后欣时丰，驾言映清澜。
> 亹亹德音畅，萧萧遗世难。
> 望岩愧脱屣，临川谢揭竿。

　　酒杯尚未离开，魏滂身边的郗昙也满饮一杯，开口吟道：

> 温风起东谷，和气振柔条。
> 端坐兴远想，薄言游近郊。

　　此时，一位温文儒雅的男子手指两个犯规的同伴，嬉笑道："汝二人，犯规。罚汝等今日不可饮酒。" 在众人大笑中，酒杯流到此人面前。郗昙看向此人，说道："谢安石可是有绝句。请讲便罢，何必打趣我等二人。"

　　谢安石就是东晋宰相谢安。谢安听到郗昙的话后开口吟道：

相与欣佳节，率尔同褰裳。

薄云罗阳景，微风翼轻航。

醇醑陶丹府，兀若游羲唐。

万殊混一理，安复觉彭殇。

　　接着，谢万、谢绎、徐丰之、虞说、庾友、庾蕴、袁峤之等名士也纷纷吟了诗，最后，大家把目光同时聚集在王羲之的身上，纷纷说道："逸少，今日诗赋尚缺一序，不如由你来作，如何？"

　　王羲之端起身边酒杯，满饮三杯而后站起身来，他在溪水旁边感受着河面上微风的吹拂，心中一阵激动，于是铺好纸张，提笔疾书，作了一序。

代谢鳞次，忽焉以周。欣此暮春，和气载柔。咏彼舞雩，异世同流。乃携齐契，散怀一丘。悠悠大象运，轮转无停际。陶化非吾因，去来非吾制。宗统竟安在，即顺理自泰。有心未能悟，适足缠利害。未若任所遇，逍遥良辰会。三春启群品，寄畅在所因。仰望碧天际，俯盘绿水滨。寥朗无厓观，寓目理自陈。大矣造化功，万殊莫不均。群籁虽参差，适我无非新。猗与二三子，莫匪齐所托。造真探玄根，涉世若过客。前识非所期，虚室是我宅，远想千载外。何必谢曩昔，相与无相与。形骸自脱落，鉴明去尘垢。止则鄙吝生，体之固未易。三觞解天刑，方寸无停主，矜伐将自平。虽无丝与竹，玄泉有清声。虽无啸与歌，咏言有余馨。取乐在一朝，寄之齐千龄。合散固其常，修短定无始。造新不暂

停，一往不再起。于今为神奇，信宿同尘滓。谁能无此慨，散之在推理。言立同不朽，河清非所俟。

后来，王羲之将即兴之作加以整理修饰、润色，完整地记述了聚会的盛况。也就是被后来唐代书法家褚遂良评为"天下第一行书"的王羲之书法代表作《兰亭集序》。

《兰亭集序》记述了他与当朝众多达官显贵、文人墨客雅集兰亭、上巳修禊的壮观景象，抒发了他对人之生死、修短随化的感叹。

崇山峻岭之下，茂林修竹之边，乘带酒意，挥毫泼墨，为众人诗赋草成序文，文章清新优美，书法遒健飘逸，被历代书界奉为极品。

宋代书法大家米芾称其为"中国行书第一帖"。王羲之被尊为书圣，兰亭也因此成为书法圣地。可以说，兰亭之所以这么有名，也是跟《兰亭集序》分不开的。

知识点滴

关于《兰亭集序》的下落还有另外一个说法。

在乾陵一带的民间传闻中，有《兰亭集序》早已经陪葬武则天一说。

因为据史书记载，《兰亭集序》在唐太宗遗诏里说是要枕在他脑袋下边。那就是说，这件宝贝应该在昭陵，也就是唐太宗的陵墓里。可是，五代耀州刺史温韬把昭陵盗了，但在他写的出土宝物清单上，却并没有《兰亭集序》。从而人们推测《兰亭集序》藏在乾陵，也就是武则天的陵墓里面。

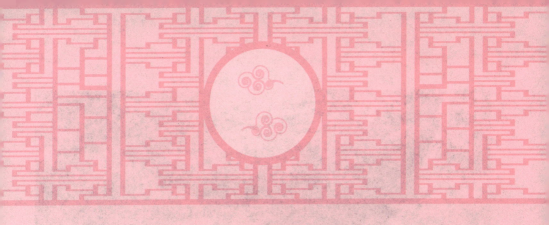

唯美意境的兰亭建筑

兰亭因为东晋大书法家王羲之在此邀友雅集修禊于此而传名，享誉中外，其原址也因为自然灾害或周边建设问题而几经兴废变迁。

399年，会稽内史王羲之的次子王凝之把兰渚山下的兰亭移到了鉴湖中。他也曾经参加了父亲王羲之主持的兰亭聚会。

405年，东晋司空何无忌任会稽内史，把兰亭建到了会稽山巅上。

唐代，太宗崇王，诗人文士，慕名书圣，往访兰亭，使古址焕发生机。兰亭迎来了它又一个辉煌时代。

兰亭雅集中的即席赋诗，在王羲之举办时采用的是自由式，吟什么、

怎么吟全由吟诗者自己决定。后来大部分兰亭雅集都延续这一做法。

但769年，唐代文士鲍防、严维、吕渭等35人聚会兰亭，则采用联句式，即每人吟诗一句，再由首唱者收结的做法赋诗，并传为佳话。

到了宋代，由于朝廷重视，在兰亭旧址附近先后修建了临池亭、王右军祠、王逸少书堂等建筑，使书法圣地更趋热闹。

1036年，越州加州堂大兰亭举行了修禊盛会，凭吊了书圣。北宋后期，兰亭又从会稽山北迁至会稽山中的天章寺。元代，在兰亭修禊处办了兰亭书院。1548年，绍兴知府沈启将兰亭从天章寺内移于石壁山下，重新修建了兰亭、墨池和鹅池。后又经过清代的重修，始具后来人们所见到的规模。

1661年至1722年，就在兰亭内增建了兰亭碑亭、御碑亭、临池十八缸、王右军祠等建筑。

自入口步入兰亭，穿过一条修篁夹道的石砌小径，迎面是一泓碧水，即为鹅池。鹅池池水清碧，数只白鹅嬉戏水面，池左旁是一座式样特别的石质三角形鹅池碑亭。旁边的"鹅池"石碑的石头采自东湖，碑高1.93米，宽0.86米，厚0.28米。

兰亭里面的流觞亭面阔三间，四面有围廊，上有匾额"流觞亭"，这三个大字是清代江夏太守李树堂题的，旁边对联：

此地似曾游，想当年列坐流觞未尝无我；
仙缘难逆料，问异日重来修禊能否逢君。

流觞亭内陈列着由"兰亭修葺图"和"曲水流觞图"。亭背面还另悬由后来清代湘潭人杨恩澍所书的当年参加雅集盛事之一的一代文宗孙绰所作的《兰亭后序》全文。流觞亭前是一条"之"字形的曲水，中间有一块木化石，上面刻着"曲水流觞"4个字。

跨过鹅池上的三折石板桥，步入卵石铺成的竹荫小径，迎面是兰亭碑亭。兰亭碑亭是兰亭的标志性建筑，被人们称为"小兰亭"。始建于1695年，亭呈四方形，背面临水。面积约27平方米，砖石结构，

为单檐歇山顶建筑，显得古朴典雅。

碑上的"兰亭"两字，为康熙皇帝御笔所书。后来被人砸成四块，修复后，人们都喜欢用手去摸这通残碑，碑已被摸得非常光滑，所以又称"君民碑"。

小兰亭西侧为"乐池"，临池有一草亭，称"俯仰亭"。池中有竹排、小舟，池西有茶室供人休憩。

流觞亭北方有可视为兰亭中心之幽美的八角形"御碑亭"，建在高一层的石台上。亭中立一巨碑，正面刻有康熙临摹的《兰亭集序》全文，背面刻有乾隆帝亲笔诗文：《兰亭即事》七律诗。亭后有稍微高起的山冈，借景十分优美。祖孙两代皇帝同书一碑，所以又称"祖孙碑"。

临池十八缸是由十八缸、习字坪、太字碑组成。这是根据"王献之十八缸临池学书，王羲之点大成太"这一典故而来。

相传王献之练了三缸水后就不想练了，认为已经写得很不错。

有一次他写了一些字拿去给父亲看，王羲之看后觉得写得还不好，特别是其中的一个"大"字，上紧下松，一撇一捺结构太松。于是随手点了一点，变成了"太"字，说"拿给你母亲去看吧！"

王羲之夫人看了后，说："吾儿练了三缸水，唯有一点像羲之。"

王献之听后非常惭愧，知道自己的差距，于是刻苦练习书法，练完了18缸水，长大后也成为著名的书法家。与王羲之并称"二王"。

流觞亭左边是王右军祠，是纪念王羲之的祠堂。王羲之当时任右将军、会稽内史，因此人们常称他为"王右军"。

王右军祠始建于1698年，总面积756平方米，飞檐回廊，古朴深沉。祠大门上端悬挂"王右军祠"木质匾额。最近处是一大厅，中柱、边柱分别有联。步入大厅，上悬一"尽得风流"木匾。画像旁是沙孟海先生撰写的对联，写道：

毕生寄迹在山水

列坐放言无古今

大厅内左右两旁各置两块木质阴雕挂屏，内容为康熙皇帝所临

《兰亭集序》。

1751年，乾隆皇帝还亲临兰亭，挥毫赋诗，使兰亭受到我国古代最高的礼赞。

后来，人们在王右军祠内建了一座"墨华亭"。

兰亭本身就是非常宝贵的园林杰作，而且又是历史文化内涵非常丰富的地方。兰亭处处成景，处处幽雅，成为我国四大名亭之一。

只可惜在后来一次自然灾害中，兰亭内很多建筑被毁，但在国家有关部门组织力量对兰亭进行修复后，书法圣地得现往日风姿。

又一次修复后的兰亭，融秀美的山水风光，雅致的园林景观，独享的书坛盛名，丰厚的历史文化积淀于一体，以"景幽、事雅、文妙、书绝"四大特色而享誉海内外，是我国一处重要的名胜古迹，名列我国四大名亭之一。

知识点滴

兰亭之所以那么有名，和王羲之的《兰亭集序》是分不开的。《兰亭集序》具有极高的艺术价值，这不仅体现在它精妙绝伦的笔墨技巧和章法布白的完整性上，而且体现在与作者融为一体的文化与情感表达的深刻性上。

《兰亭集序》具备了书法作为艺术作品，从书家与书作、内容到形式的全部审美因素。在魏晋时期玄学和士人清议、人物品藻以及两汉时期儒家经学崩溃的思想文化背景下，作为"天下第一行书"的《兰亭集序》，彻底摆脱了几千年书法附庸于文字、服务于装饰的伪艺术地位，从而成为表现人格个性、诗意情怀以及人文价值选择的经典之作。

滁州醉翁亭

　　醉翁亭坐落于安徽省滁州西南琅琊山麓，宋代大散文家欧阳修写的传世之作《醉翁亭记》写的就是此亭，是安徽省著名古迹之一。

　　醉翁亭小巧独特，具有江南亭台特色。它紧靠峻峭的山壁，飞檐凌空挑出，具有江南园林特色。

　　醉翁亭一带的建筑，布局紧凑别致，总面积虽不到1000平方米，却有九处互不相同的景致，人称"醉翁九景"。醉翁亭与北京陶然亭、长沙爱晚亭、杭州湖心亭并称为"中国四大名亭"。

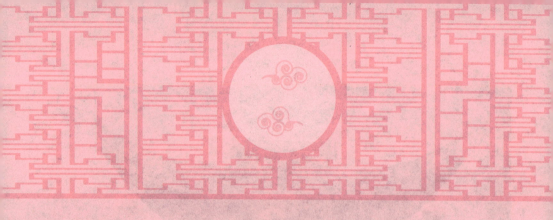

饮酒醉心的醉翁亭

据传北宋年间，在安徽省琅琊山宝应寺的住持方丈叫智仙。他每天除了烧香拜佛，还会在庙前摆三个茶水摊，向过路的樵夫、猎人供给茶水。这一带人们都称赞智仙方丈心地善良。

有一天，有个两鬓斑白的老人从此路过，喝了几杯茶后，便称赞起智仙方丈来了，并记得智仙方丈供应茶水，已经是九年九个月，外

加9天了。

这老人告诉智仙方丈，他每天都要上山砍柴，经常在一块秀丽的地方歇息，那里风景美，来往过路的人也很多，就是缺少一个茶摊。

智仙方丈一听，忙请老人领路，前去看看。两人到了那里，智仙一看，果然是个好地方，林木茂盛，泉水清澈，风景秀丽。智仙方丈决定在此设个茶摊。

两人正说话，忽然天色大变，下起了瓢泼大雨。老人叹口气说："要是在这里修个亭子就好了。"

老人本是顺口一说，没承想，智仙方丈却将此话记在心头。不几天，就在这里修了个亭子。亭子修好了，但始终起不出个好名字让两人都满意。时间一长，两人渐渐把给亭子起名字的事就给忘了。

后来，欧阳修到滁州当太守。他为官清正，体察民情，这里的百姓过着太平生活。他经常到琅琊山，与智仙方丈交往较深。

智仙方丈邀请欧阳修为亭子起个名字。欧阳修说："我来到滁州，能与民同乐，真使我心醉。我看就叫它'醉翁亭'吧！"

从那以后，欧阳修常同朋友到亭中游乐饮酒，欧阳修善于饮酒，

基本上来个朋友就找借口喝酒，一喝就非得喝多了。天天喝酒喝得晕晕乎乎的，自己岁数又最大，于是欧阳修自号"醉翁"，并写下传世之作《醉翁亭记》。

《醉翁亭记》影响深远、千古传诵，醉翁亭也因此而闻名遐迩，被誉为"天下第一亭"。欧阳修还为此亭亲笔题写了"醉翁亭"匾额。

醉翁亭玉立于琅琊山林之中，灰瓦红木柱，别有一番风致。由于木料易腐朽，所以建筑大师们就在木材上涂漆和桐油，以保护木质，同时增加美观，使之实用、坚固与美观相结合，所以醉翁亭的柱子都是大红色，在山林中十分醒目。

此外醉翁亭的梁架等处还有绘制的彩画。亭下木质阴影部分，用绿色的冷色，这样就更强调了阳光的温暖和阴影的阴凉，形成一种悦目的对比。这种色调在夏天使人产生一种清凉感。

醉翁亭采用木柱、木梁构成房屋的框架，屋顶与房檐的重量通过梁架传递到立柱上，这是我国传统建筑的特点，只用几根柱子撑起整个建筑，使其形成一种"亭亭玉立"的形象。

这种构件既有支承荷载梁架的作用，又有装饰作用；既有很好的实际功用，可以使亭子在不同气候条件下，满足各种功能要求，比如通风，使其成为歇脚乘凉的好场地；还可以借景，坐在亭下，亭子周边的山林风光尽入眼中。

醉翁亭的屋顶如鸟翼伸展的檐角造型，使整个醉翁亭给人以轻巧欲飞之感。这种美在本质上是时间进程的流动美，在个体建筑物上表现出来，显出线的艺术特征，形成微翘的飞檐。

这种飞檐使本应沉重向下压的房顶，反而随着线的曲折，显出向上挺举的飞动轻快，宽厚的台基使整个醉翁亭体现出一种轻巧协调、舒适实用、节奏鲜明的感觉。

醉翁亭中后来立有欧阳修的塑像，其神态安详。亭旁有一巨石，上刻圆底篆体"醉翁亭"三个字。在亭前有九曲流觞，流水不腐。

离亭不远，有泉水从地下溢出，泉眼旁用石块砌成方池，水入池中，然后汇入山溪。水池一米见方，池深两尺左右。池上有清代知州王赐魁立的"让泉"两字碑刻。

让泉水温度终年变化不大，泉水"甘如醴酾，莹如玻璃"，所以又被称为"玻璃泉"。出亭西，有欧阳修手植的"欧梅"，千年古树高达十多米，枝头万梅竞放，树下落红护花。

醉翁亭亭后最高处有一高台，曰"玄帝宫"，登台环视，但见亭前群

山涌翠，横呈眼底；亭后林涛起伏，飞传耳际，犹如置身画中。

　　欧阳修任滁州太守期间，还在醉翁亭不远处修建了丰乐亭。丰乐亭面对峰峦峡谷，傍倚涧水潺流，古木参天，山花遍地，风景十分秀丽。关于丰乐亭的兴建，欧阳修在《与韩忠献王书》中告诉友人：

　　　偶得一泉于滁州城之西南丰山之谷中，水味甘冷，因爱
　　其山势回换，构小亭于泉侧。

　　文中称自己发现一眼泉水，泉水清冽，而且所在的丰山十分美，所以在泉的旁边建造了一个小亭子，将泉取名为"丰乐泉"，亭取名为"丰乐亭"。"丰乐亭"取"岁物丰成""与民同乐"之意。

　　并且，欧阳修为此还写下了《醉翁亭记》的姐妹篇《丰乐亭记》，还以《丰乐亭游春》一诗记载与民同乐之盛况。诗写道：

　　　　　　　红树青山日欲斜，

长郊草色绿无涯。

游人不管春将老，

来往亭前踏落花。

丰乐亭亭前有山门，亭后有厅堂，还有九贤祠、保丰堂等，四周筑以围墙。丰乐亭内有苏东坡书刻的《丰乐亭记》石碑、吴道子画的《观自在菩萨》石雕像，保丰堂内有明滁州判官尹梦璧所作的《滁州十二景诗》碑刻，这些都是我国古代文化艺术的珍品。可惜，后来由于丰乐亭周边建设原因，使这里不能供人游览。

自从欧阳修写下《醉翁亭记》和《丰乐亭记》后，琅琊山的声名日隆，文人墨客、达官显贵，纷纷前来探幽访古，题诗刻石。

北宋太常博士沈遵也慕名来到了醉翁亭，观赏之余，创作了琴曲《醉翁吟》，欧阳修亲为配词。

事隔数年之后，欧阳修和沈遵重逢，沈遵操琴弹《醉翁吟》，琴声勾起了欧公对当年在亭间游饮往事的追忆，欧阳修还作诗《赠沈遵》以赠。

关于醉翁亭的姊妹亭丰乐亭的修建，还有一个小故事。

据说欧阳修在家中宴客，遣仆去醉翁亭前让泉取水沏茶。不意仆在归途中跌倒，水尽流失，遂就近在丰山取来泉水。可是欧阳修一尝便知不是让泉之水，仆从只好以实相告。

欧阳修当即偕客去丰山，见这里不但泉好，风景也美，于是在此疏泉筑池，辟地建亭。

知识点滴

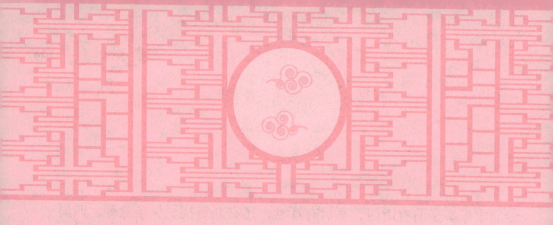

醉翁亭建筑群盛景

　　醉翁亭初建时只有一座亭子，北宋末年，知州唐俗在其旁建同醉亭。在醉翁亭的北面有三间劈山而筑的瓦房，隐在绿树之中，肃穆典雅，这就是"二贤堂"，初建于1095年，这是纪念欧阳修和王禹偁两

位太守而建的。

所谓二贤者，欧阳修和王禹偁是也。欧阳修自不待言，王禹偁，宋初文学家，一生刚直敢言。滁州历史上曾属淮南国，欧、王两人都曾在滁州做过太守。

在二贤堂前有一副对联：

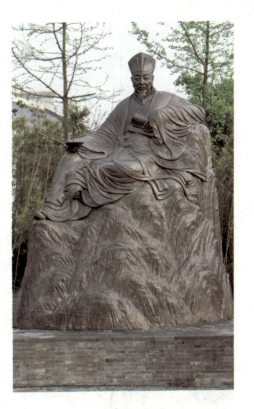

驻节淮南关心民瘼
留芳江表济世文章

原堂已毁，存留下来的二贤堂为后来重建。堂内有两联，一是：

谪往黄冈执周易焚香默坐岂消遣乎
贬来滁上辟丰山酌酒述文非独乐也

二是：

醒来欲少胸无累
醉后心闲梦亦清

这两副对联既表达了人们对两任太守皆因关心国事而被贬谪滁州的愤愤不平，又表达了他们对两位太守诗文教化、与民同乐的精神的敬佩之情。

　　宋代末年，滁州人为了纪念欧阳修，特在琅琊山山坡上修建一亭，亭为六柱六角，名曰"六一亭"。不过，原亭早毁，人们见到的是后来重建的。亭旁有摩崖1块，上刻隶书"六一亭"，系陆鹤题书。

　　明代，醉翁亭周围的建筑开始兴盛起来，当时房屋已建到"数百柱"，布局紧凑，亭台小巧，具有江南园林特色。有古梅亭、九曲流觞、意在亭、方池、宝宋斋、影香亭等。

　　古梅在醉翁亭院北，相传此梅是欧阳修所手植，世称"欧梅"。不过此梅早已枯死，后来人们看到的是明人补植的。

　　古梅虽经百年风霜雨雪，仍然枝苗叶茂，清香不绝。这株古梅品种稀有，花期不抢腊梅之先，也不与春梅争艳，独伴杏花开放，人们称其为"古梅"。

　　1425年，南京太仆寺卿赵次进在古梅前凿石引水建造方池，池内因有泉眼，池水终年不涸。后来待御邵梅墩为了赏梅，在池中建造一亭，名"见梅亭"。

　　1535年，滁州判官张明道为观赏古梅花在古梅北又建了一座"梅瑞堂"，内有张榕瑞等咏梅诗碑刻两块。后来，有位书法家在堂后面的崖壁上题"古梅亭"篆刻一方，梅瑞

堂也随之改名为"古梅亭"。

后来，人们还在古梅亭旁边建了览余台和怡亭，都是赏梅的好地方，并且由于角度不同，映入眼帘的梅姿也就各异。

1561年，滁州太仆寺少卿毛鹏建造了"皆春亭"。1603年，滁州知州卢洪夏在皆春亭四周凿石引水，仿照东晋书圣王羲之"兰亭集序"中的场景建造了"曲水流觞"，供人们戏水饮酒。

卢洪夏还重修了皆春亭，并将其改名为"意在亭"，取"醉翁之意不在酒，在乎山水之间也"之意。亭以四根栋木为柱，亭角飞檐，呈飞腾之状。亭两边对联题为：

酒洌泉香招客饮

山光水色入樽来

1622年，明代南太仆寺少卿冯若愚在醉翁亭西侧建造宝宋斋，也

称"碑亭"。屋内立有苏轼手书《醉翁亭记》碑刻两块四面。斋东侧外檐下嵌有明冯若愚《宝宋斋记》和明代《重修醉翁亭记》碑。

《醉翁亭记》初刻于1041年，因其字小刻浅难以久传，又于1091年由欧阳修门生、北宋大诗人苏东坡改书大字重刻。

文章与书法相得益彰，后人称为"欧文苏字，珠联璧合"，视为宋代留下的稀世珍品，与琅琊寺中吴道子所画的《观自在菩萨》石雕像，同为难得的古代文化瑰宝。

明代崇祯年间，也就是1628年至1644年，滁州人为了纪念明代南太仆寺少卿冯若愚及其子冯元飚修建"宝宋斋"保护了"欧文苏字"碑一事，特地为其建造了冯公祠。冯公祠为三间瓦平房，后损毁。人们见到的是后来在原址上重新修建的。

1685年，滁州知州王赐魁因坐在见梅亭中能看见亭北古梅倒影，又能闻到梅花的香味，因以把此亭改名为"影香亭"。取宋代诗人林逋的《山园小梅》诗中"疏影横斜水清浅，暗香浮动月黄昏"句意。

影香亭从池外入亭内有小桥相连，小桥用条石铺架，人们可倚栏观池中古梅倒影，闻亭外古梅芳香。影香亭两边对联题为：

疏影横斜水轻浅
暗香浮动月黄昏

清代，人们在醉翁亭院西侧建有"醒园"一处，平房七间，毁于战火。后来，人们在其废墟上建亭一座，竖立四块复制宝宋斋书苏轼手书的《醉翁亭记》碑刻。

醒园西北角还有一座宫殿式建筑"解醒阁"。出醒园南门，有一亭，名为"洗心亭"。其四角坐地，一面背山，三面有门，门额为弧券形。亭内四方形，上顶半球形穹窿。

　　登上古梅亭内的览余台，可以瞭望六亭，即意在亭、影香亭、古梅亭、怡亭、碑亭、洗心亭以及两边"醒园"景色。俯瞰醉翁亭全景，小巧玲珑，曲折幽深，九院七亭，亭中有亭，亭水相映，松柏常青。

知识点滴

　　醉翁亭位于安徽省滁州西南琅琊山麓，琅琊山古称"摩陀岭"，相传西晋时琅琊王司马佩率兵伐吴驻跸于此，故后人改名为"琅琊山"。

　　琅琊山山不甚高，但清幽秀美，四季皆景。山中沟壑幽深，林木葱郁，花草遍野，鸟鸣不绝，琅琊榆亭亭如盖。

　　山中还有唐代建琅琊寺、宋代建醉翁亭和丰乐亭等古建筑群，以及唐宋以来摩崖碑刻几百处，其中唐代吴道子绘《观自在菩萨》石雕像和宋代苏东坡书《醉翁亭记》《丰乐亭记》碑刻，历代书法名家书写的《醉翁亭记》。碑刻与山中古道、古亭及其他古建筑相得益彰。

永济鹳雀楼

　　鹳雀楼位于山西永济蒲州古城西面的黄河东岸、蒲州古城城南，始建于北周，为军事建筑，原名"云栖楼"。后因有一种名为"鹳雀"的鸟类经常群居栖息于高楼之上，"云栖楼"又被称为"鹳雀楼"。

　　鹳雀楼楼体壮观、结构奇巧，加之地理位置优势、风景秀丽，后来唐代著名诗人王之涣在此因楼作诗"欲穷千里目，更上一层楼"堪称千古绝唱。

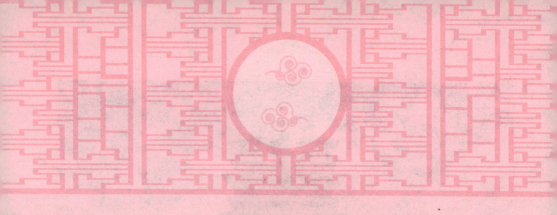

北周因驻防建楼而盛于唐

永济古称"蒲坂"，是五千年中华文明的发祥地之一。早在180万年前，西侯度人就在这里开始用火，使用打制的石器。后来，华夏民

族的先祖伏羲、女娲和黄帝，都曾在这一带留下历史痕迹。

有史记载，尧舜二帝曾先后在蒲坂建都。那时候，古人所称"华夏"一词中的"夏"，就是指历史上所说的大夏民族。

而它的繁荣正是以尧舜禹为象征，活动的核心就在河东一带，即黄河以东的山西。而"华"则指"华山一带"，就是黄河西岸这块地方。

因此，古时有"西为'华'，东为'夏'"之说，而后来所建的鹳雀楼恰好就坐落在了华夏先祖历史坐标的中点之上，也正是因这一巧合，令后来的鹳雀楼蒙上了一层神奇的色彩。

550年，东魏大臣高洋建立北齐，定都邺城，就是后来的安阳北郊。当时，北齐的属地在平阳以东，就是后来的山西临汾一带。

557年，西魏大臣宇文觉创立北周，定都长安。后由于北周帝年幼，其朝政由宰相宇文护掌管。北周的属地在河外，就是后来的黄河以西的地区。

当时，北周与北齐连年对峙，互夺属地，形成拉锯之势，山西大部分地区均被北齐占领，只有蒲坂，时称"蒲州"，它是北周在河外

占据的唯一地盘，也是北周屯兵伐齐的前哨阵地。为镇守蒲州，北周宰相宇文护下令，在蒲州城西门外筑一座高楼，以作军事瞭望之用。

传说高楼当时处的位置比较高，而那时的黄河则相对较低。因其气势宏伟，高大辽阔，登上层楼则有腾空欲飞之感，所以高楼最早名叫"云栖楼"，也称"云仙阁"。

由于云栖楼紧靠黄河，于是就有一种食鱼鸟类时而翱翔在河面上，时而又栖息在云栖楼上。此水鸟似白鹤，嘴尖，腿长而直，毛灰白色。它们常在江、河、湖、泽近旁，专捕鱼虾为食。

据说，当地老百姓刚开始，见到这水鸟栖息高楼顶上时，不知道它们就是"鹳雀"，只是时间久了，大家发现，这种鸟很懒，老在水边上等着，一等就是一两个小时，直到鱼撞上来后它们才吃上一口，所以人称"老等"。

云栖楼刚落成时，"老等"只是偶尔在楼上聚聚，但后来就越聚越多，甚至当它们栖息停落于云栖楼上时，整座云栖楼都变成了一片灰白，因而当地百姓又称它为"白楼"。

后来，传说有位学者到云栖楼游玩，他对花鸟都颇有爱好，见到群居于云栖楼的"老等"，他禁不住地惊呼"鹳雀，鹳雀"。从此，老百姓不再叫"老等"，改叫"鹳雀"，而云栖楼也因此而改为"鹳雀楼"了。

据史料记载，唐代时，在山西永济蒲州古城的西南城上，扩建有一座美丽的楼阁"鹳雀楼"。高台重檐，黑瓦朱楹，楼分为三层，高约10余米，又因其筑设在城垣之上，共计高达28米。此楼设计精妙，结构奇巧，雅致壮观。

在当时，人们登至三楼上，就既可以鸟瞰波涛滚滚、浩瀚无涯的黄河之水，又可以眺望阡陌交织、坦荡无垠的大地，也可以南望起伏连绵的中条山，还可以隐约西览雄伟壮观的西岳山。

正由于鹳雀楼地处秦晋分界处，风景秀丽，因此，在唐代时，鹳雀楼就吸引了许多文人雅士、骚人墨客，去登楼观瞻、放歌抒怀，并留下了许多不朽篇章。鹳雀楼也因此被誉为中州大地的"登高胜地"，有"河东胜概"之称。

拥河东之胜的鹳雀楼，在唐代时几乎成了当时大诗人们赛诗的舞台，仅以《登鹳雀楼》为题的名作就有很多，其中尤以盛唐时代著名诗人王之涣、李益和畅当三人的同名作品最为著名，"能壮其观"。

但后来一直留传、妇孺皆知的诗冠，当属太原才子、唐代著名大诗人王之涣的《登鹳雀楼》：

白日依山尽，黄河入海流。
欲穷千里目，更上一层楼。

这首诗为王之涣在704年前后游蒲州、登鹳雀楼时所作。王之涣生性豪放不羁，常击剑悲歌，其诗多被当时乐工制曲歌唱。他名动一时，以善于描写边塞风光著称。代表作有《登鹳雀楼》和《凉州词》等。

此诗前两句写的是自然景色，但一开口就有缩万里于咫尺，使咫尺有万里之势。后两句写意，把哲理与景物、情势融化得天衣无缝，成为鹳雀楼上一首不朽的绝唱。

据说，王之涣在鹳雀楼壁题诗不久，他的《登鹳雀楼》就在大江南北广为传颂。当时，耸立在蒲州城西门外的鹳雀楼，则更是因为王之涣的这首千古绝唱而名扬天下。

继王之涣以后，唐代诗人李益和畅当先后慕名王之涣的《登鹳雀楼》前去永济鹳雀楼登高赋诗。如李益的《登鹳雀楼》：

鹳雀楼西百尺樯，汀洲云树共茫茫，
汉家箫鼓空流水，魏国山河半夕阳。
事去千年犹恨速，愁来一日即为长。
风烟并起思乡望，远目非春亦自伤。

李益这首七律写登鹳雀楼远望，由怀古之情转而生出思乡之意。

又如畅当的《登鹳雀楼》：

迥临飞鸟上，河流入断山。

天势围平野，高出尘世间。

诗人站在鹳雀楼上，望远空飞鸟仿佛低在楼下，觉得自己高瞻远瞩，眼界超出了人世尘俗。从鹳雀楼四望，天然形势似乎本来要以连绵山峦围住平原田野，但奔腾咆哮的黄河却使山脉中开，流入断山，浩荡奔去。此诗诗歌意境非常壮阔，是描写鹳雀楼风光的上乘之作。

古人说，唐代时的鹳雀楼是"山河萦此地，哲理蕴斯楼"，当年王之涣登楼之后因作了那首诗《登鹳雀楼》即被朝廷重用，踏上了仕途，后两位诗人李益和畅当也是登楼之后，人随心愿，好运连连。

如此一来，鹳雀楼佳话频传。到了中、晚唐时期，更是有当时风头极盛的唐代著名诗人耿洪源、马戴、司马札、张乔和吴融等相继登楼赋诗，并都留下了佳句。

如耿洪源的《登鹳雀楼》：

久客心常醉，高楼日渐低。

黄河行海内，华岳镇关西。

去远千帆小，来迟独鸟迷。

终身不得意，空觉负东溪。

这首五律气势很大，同时感慨自己抱负不成，壮志难酬，读来令

人扼腕！

　　唐代诗人马戴的《鹳雀楼晴望》是他的代表作品之一，这首诗想象丰富，展现了诗人宽阔的胸怀。

　　　　　　　　尧女西楼望，人怀太古时。

　　　　　　　　海波通禹凿，山木闭虞祠。

　　　　　　　　鸟道残虹挂，龙潭返照移。

　　　　　　　　行云如可驭，万里赴心期。

　　司马扎作《登河中鹳雀楼》：

　　　　　　　　楼中见千里，楼影入通津。

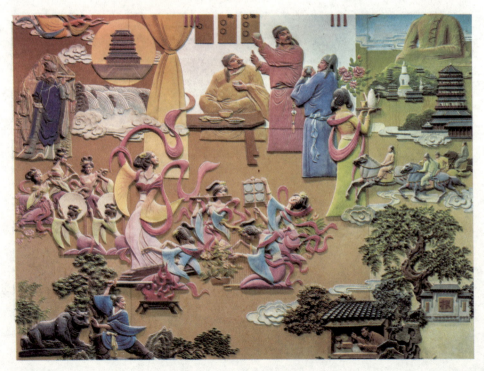

烟树遥分陕，山河曲向秦。

兴亡留白日，今古共红尘。

鹳雀飞何处？城隅草自春。

这首诗前四句写登鹳雀楼所见的景色，后四句抒发今古兴亡感慨。
张乔作《题河中鹳雀楼》：

高楼怀古动悲歌，鹳雀今无野燕过。

树隔五陵秋色早，水连三晋夕阳多。

渔人遗火成寒烧，牧笛吹风起夜波。

十载重来值摇落，天涯归计欲如何？

这首诗情绪低沉，一派悲凉，反映了晚唐的时代风貌。

吴融作《登鹳雀楼》：

鸟在林梢脚底看，夕阳无际戍烟残。

冻开河水奔浑急，雪洗条山错落寒。

始为一名抛故国，近因多难怕长安。

祖鞭掉折徒为尔，赢得云溪负钓竿。

这首诗景色苍凉，是唐朝末年混乱形势的反映，再也看不到王之涣诗中显示的盛唐气象。在唐末时，翰林学士李瀚也曾随人去鹳雀楼游玩，并著有《河中鹳雀楼集序》。

相传，唐代时人们登云栖楼鸟瞰风景的盛况，被天上的神仙知道了，于是玉皇大帝传诏，让一位神仙下凡去窥探虚实。于是，神仙就驾鹳雀飞至云栖楼上，凭栏四顾，细目端详。

望着滔滔黄河和山川大地，神仙不禁赞叹："美哉！美哉！真乃人间天堂也。"看后，又驾鹳雀而去。

此后，天上的诸位神仙便竞相前去观赏，并且每次都是驾鹳雀而来又驾鹳雀而去。后来，云栖楼一带，就逐渐成了鹳雀的世界。于是，人们就改"云栖楼"为"鹳雀楼"了。

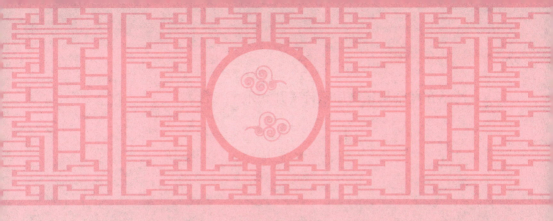

重建后的鹳雀楼再度辉煌

  在北宋中期时，鹳雀楼仍然为当时的"登高胜地"。北宋著名科学家、改革家沈括及北宋著名词人晁元礼就曾于这一时期先后登临鹳雀楼并赋诗。

沈括在登临鹳雀楼后赋诗《开元乐·三台》：

    鹳雀楼头日暖，蓬莱殿里花香。

        草绿烟迷步辇，天高日近龙床。

北宋词人晁元礼在登临鹳雀楼后写下名词《一落索》：

    正向侯堂欢笑，忽惊传新诏。马蹄准似乐郊行，又却
近、长安道。
    鹳雀楼边初到，未花残莺老；崔徽歌舞有余风，应忘
了，东平好。

到金章宗明昌年间，鹳雀楼还如从前那样雄伟地屹立在那里。南

宋爱国诗人陆游对朝廷迟迟不能收复中原而愤愤不平，他在鹳雀楼上题写了一首耐人寻味的《杂感》：

一樽易致葡萄酒，万里难逢鹳雀楼。
何日群胡遗种尽，关河形胜得重游。

1222年，鹳雀楼被大火烧毁，只剩下了故基。

1272年，元代著名学者、诗人王恽游蒲州、登鹳雀楼旧址故基时，写下《登鹳雀楼记》记述了鹳雀楼当时的景况：

元壬九年三月，由御史里行来官晋府。十月戊寅，按事此州，遂获登故基，徒倚盘桓，逸情云上，虽杰观委地，昔人已非。而河山之伟，云烟之胜，不殊于往古矣。

这些记述，清楚地表明鹳雀楼在元初就已被毁。

在元代中后期，由于黄河河床不断升高，又多次泛滥，鹳雀楼故址也因而数次被水淹没。后来，水虽然退却，但侵入蒲州城郭的泥沙却沉积了下来，而且地面日渐抬升。从此，鹳雀楼再也没有了往日的繁华和兴盛。

明代初年，鹳雀楼的遗址还明确可辨，但到明末清初，因黄河水频繁泛滥、河道摇摆频繁，就完全湮灭，无迹可寻了。

蒲州人十分怀念鹳雀楼，为了一种心理的补偿和安慰，蒲州人除根据唐代诗人王之涣的《登鹳雀楼》诗来想象鹳雀楼的雄伟神奇外，还把蒲州城西城楼寄名为"鹳雀楼"，以表达对鹳雀楼盛况的追忆。

在清代时，登临作赋者不绝，但西城楼毕竟是"盛名难却，其实难副"，数百年来，给人留下了对先前鹳雀楼的无限怀念。清初著名诗人尚登岸就曾赋诗道：

河山偏只爱人游，长挽羲轮泛夕流。

千里穷目诗句好，至今日影到西楼。

后来，人们认为鹳雀楼是黄河的标志，是中华民族不屈的象征，于是就大兴土木重建鹳雀楼。鹳雀楼的再度辉煌，标志着中华民族的又一次伟大与繁荣。

新建的鹳雀楼外观四檐三层，内设6楼，楼体高73.9米，是我国最大的仿唐建筑，建筑面积30000多平方米，主楼建筑面积为8000多平方米，因鹳雀楼建于北周而盛于唐代，所以后来重建时，在其建筑形制上充分体现了唐代风貌。

鹳雀楼是全国唯一利用唐代彩绘恢复起来的仿唐代建筑。楼的外侧上有许多彩绘，全楼的彩绘面积近40000平方米，而且所有的彩绘都是手工绘制。其外表雕梁画栋、流光溢彩。

在鹳雀园大门前，是一汪碧波荡漾的人工湖，平面呈鹳雀飞翔之型，故名"鹳影湖"。湖面正中由三孔石拱桥连接，桥面宽约5米，两

边是汉白玉石雕栏杆。

站在桥上，尽收眼底的是宽广平整、造型独特的广场。广场通过绿化树木和茵茵草坪将其布局为棋盘式的几何图案，在广场的尽头就矗立着高耸云端、气势恢弘的鹳雀楼。

登百余台阶，就到了鹳雀楼的楼门前，楼门上方横陈着"文萃李唐"四个金色大字，左右立柱上镌刻着一副楹联：

> 凌空白日三千丈；
> 拔地黄河第一楼。

这与巍峨的高楼珠联璧合，相得益彰。

鹳雀楼内部陈设以河东文化和黄河文化为主题，充分说明黄河是人类文明最早的发祥地，华夏民族的先祖在这里写下了辉煌历史，其时代跨越中华上下五千年。

楼门内，为一楼大厅。其中，有一幅以硬木彩塑制作的"中都蒲坂繁盛图"，色彩艳丽，制作精美，气势宏伟，真实再现了盛唐时期蒲州城的繁荣景象，特别是对鹳雀楼当时地理位置的描摹，生动有致，精美逼真。

在二楼的四周，是一组组河东名人蜡像:女娲补天，嫘祖缫丝，大禹治水，杨贵妃出浴，崔莺莺听琴，司马光砸缸，关羽傲然肃立，柳宗元淡然挥毫……形象传神，惟妙惟肖。这些都充分再现了悠久的华夏文明。

三楼内，设有古代蒲州的四大产业：制盐、冶铁、养蚕和酿酒，通过四组形神兼备的塑像，以及剪纸、年画、社火等，生动地反映了河东人民的勤劳和智慧。

四楼四周的墙壁上，展示着与鹳雀楼有关的一系列名人字画，图

文并茂，琳琅满目，令人目不暇接。还有宇文护《筑楼戍边》及王之涣《旗亭画壁》的故事，采用了欧塑形式表现，高贵典雅。

五楼陈列着古鹳雀楼的仿制品，纯木结构，古朴典雅，气势不凡，确有震古烁今之势。

六楼长廊的西面，立有一尊唐代著名大诗人王之涣的铜像，与真人大小相仿。据说王之涣当年就是在这里登高望远，感慨万千，写出了那首流传千古的名篇《登鹳雀楼》。

鹳雀楼是黄河的标志，是中华民族不屈的象征，它的再度辉煌，标志着民族的又一次繁荣。

知识点滴

　　相传，元初文学家王恽小时候教他读书的老师是蒲州人，因此他很早就知道蒲州的鹳雀楼"雄观天下"，是天下最雄伟壮观的高楼。后来，读了王之涣、畅当等人的诗后，他像许许多多读书人一样，更是殷切地向往能去登楼。

　　1272年10月，王恽由中央监察御史调山西任平阳路总管府判官后，他终于在当年10月满心欢喜地去了永济，但他没有看到鹳雀楼，只看到了已经是楼体坍塌，堆堆瓦砾的鹳雀楼遗址，为此，他深感遗憾，于是在游览之余写了一篇《登鹳雀楼记》以作留念。

嘉兴烟雨楼

　　烟雨楼最初位于浙江嘉兴南湖之滨，始建于五代后晋年间，为广陵郡王钱元辽所筑"登眺之所"。

　　1548年时嘉兴知府赵瀛迁建至湖心岛上，后经历代修缮、扩建，逐渐成为具有显著园林特色的江南名楼，而"烟雨楼"则成了湖心岛上整个园林的泛称。

　　烟雨楼建筑面积640余平方米，自南而北，前为门殿，后有楼两层，回廊环抱，可沿石蹬盘旋而上。主要建筑有青杨书屋、对山斋、八角轩、四角方亭和六角敞亭等。每当夏秋之季，烟雨弥漫，不啻山水画卷。

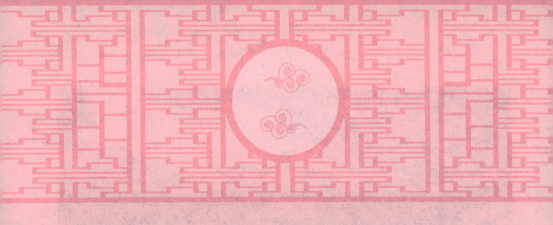

烟雨楼因杜牧诗意而得名

嘉兴位于浙江东北部，历史悠久，文化灿烂。五代十国时期，吴越国在嘉兴设置开元府，嘉兴从此自苏州分离出去，领嘉兴、海盐、华亭三县，这是嘉兴首次设州府级政权。

嘉兴城外有两个湖，一个在城南，名滮湖，又称南湖；一个在城

西南，名鸳鸯湖。这两个湖泊后来一般总称为南湖。

908年，吴越王钱镠建国。吴越王的第四子钱元璙在澎湖畔建台榭，以为"登眺之所"。

1129年，金兵开始南侵，第二年，金兵兵锋直指嘉兴，金兀术亲自率军攻打嘉兴。在这场战事中，连同钱氏台榭在一起的许多楼阁都不幸被毁。

约1141年，宋高宗赵构和金朝和议，把自东起淮水中流，西到陕西宝鸡县西南的大片国土，献给金朝，形成了"偏安江左"的局面。

由于农业生产发达的江、淮、湖、广诸地区都在南宋境内，再加上北方人们纷纷南迁，加速了生产技术的交流，从而推动了南方经济的发展。

随着江南经济逐渐繁荣，南宋王朝就大兴土木，营建都城临安，使杭州、嘉兴、湖州等地空前繁华。同时，各级地方官吏，也都纷纷修建华丽的楼台亭园，供自己居住。

在这个背景下，久已荒废的钱氏台榭旧址出现一位新主人王希吕。

王希吕是南宋一位刚正廉洁的好官，是一位不惜拉着皇帝衣袖劝谏的刚直大臣。他退休后竟然没有钱买房子，以至于只能居住在寺庙中。最后，皇上看不过去，赐给他钱造房子。《嘉兴府图记》记载：

嘉定间（1208年～1224年），吏部尚书王希吕致政还家，因旧址建楼，有缙绅遨游。

这里的"旧址"指的是钱元璙所造台榭遗址。王希吕拿着皇上给的钱开始在旧址上建楼，由其后代陆续扩建成烟雨楼。烟雨楼在滮湖之滨，园内亭台楼阁，布置精巧，山石树木，安排灵活，整个园林与碧波辉映。

相传，当时的"烟雨楼"之楼名取自唐代大诗人杜牧《七绝·江南春》中"南朝四百八十寺，多少楼台烟雨中"的意境。由于此诗在宋代广为流传，烟雨楼美名远扬，成为当时观赏湖光的最佳去处。官僚地主、文人墨客，登楼赋诗饮酒，日夜笙歌不绝。

大约1229年，"烟雨楼"三字开始在文学辞章中活跃起来，这说明作为一方名胜，其地位日渐提高。最早提到"烟雨楼"三字的，是南宋大臣吴潜，吴潜当时在秀州任通判，这首《水调歌头·题烟雨楼》描写了湖畔风光，抒发了作者心志，是一首佳作：

有客抱幽独，高立万人头。东湖千顷烟雨，占断几春秋。自有茂林修竹，不用买花沽酒，此乐若为酬。秋到天空阔，浩气与云浮。

叹吾曹，缘五斗，尚迟留。练江亭下，长忆闲了钓鱼舟。翛更飘摇身世，又更奔腾岁月，辛苦复何求。咫尺桃源隔，他日拟重游。

约1270年，名噪一时的王氏烟雨楼，约于建成后50年左右，不知是何种原因归属于了高文长高氏园中，成了高氏烟雨楼。

1276年，元兵伯颜入侵临安，嘉兴又遭到了一次兵燹，但破坏程度史书上没有记载。史书上也没有记载烟雨楼的毁损情况。

烟雨楼在元朝近百年中，很少有人提及。直到元末，世称元四家之一的大画家、梅花道人吴镇，在他的一首词的序言中说："春波门外，旧日高氏圃中烟雨楼。"

由此可见，元末时烟雨楼还在，只是高氏花园已经荒芜不堪了。

到了元末农民起义，张士诚在1357年从苏州攻嘉兴，当时嘉兴守将苗人杨完者曾与其在嘉兴外围进行拉锯战。杨完者的苗军毫无军纪，烧杀抢掠，无恶不作。嘉兴城乡生灵涂炭，这就是史称的杨苗之乱。在这场战乱中，高氏烟雨楼遭到最后的致命一击，终致毁弃。

知识点滴

五代时，广陵王钱元璙在湖畔建楼舍为"登眺之所"，开创了南湖之畔登高望湖的风雅之举。此人成了历史上有记载的第一个对南湖自然风光感兴趣的名人。

从此之后，但凡在当地有一定财势的，都以在南湖边兴建私家园林为荣耀，由此形成了嘉兴私家园林的兴盛期。

有了园林作为依托，当地大批的文人名士在南湖边吟诗、作画、听戏，以此为时尚。后来，南湖的名气渐渐大了，外地有名的文人墨客慕名来游，留下了美誉和佳作，给南湖风光增添了不可或缺的诗情画意。

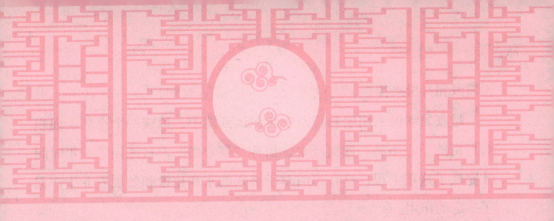

烟雨楼由湖畔迁至湖心岛上

明代嘉靖年间，长江三角洲一带和杭、嘉、湖诸府，已成为国内市场的中心区域，各地府县都重视农田水利建设和发展农业生产。

1545年，陕西三原人赵瀛来嘉兴任知府，见河道已有一百多年未曾疏浚，淤塞现象严重。于是在1547年，赵瀛动工疏浚河道，以利农

田灌溉和舟楫来往。

赵瀛发动民工用船只将河中淤泥运到湖中，填成一个小岛。面积约17亩的湖心小岛，四面环水，俗称"湖心岛"。最终用了一年时间才完成了这项工程，这在当时对于嘉兴的水利建设和发展农业生产起了一定的作用。

知府赵瀛见湖中小岛的周围风景很美，心想如果能建造一座楼台，种植一些花木，必能成为嘉兴突出的游览胜地。

1549年，赵瀛在民意下，开始动工兴建楼台。在两个月间，他集中了大量人力和财力，建起了楼房五间。从此湖心小岛上青瓦粉墙，缀以长廊小桥，曲折相通；青桐银杏，林荫径幽；登楼骋目远眺，饱览胜景，使风光秀丽的南湖，增添了迷人的景色。

湖心楼台的建成，距高氏花园中的烟雨楼的荒废，已有近两百多年了，却没有将楼取个新名，仍用了烟雨楼的旧名。当时也有人称此

楼为"疑楼"，或许是取"似雨疑烟"之意吧！

　　高氏园中的烟雨楼虽然早就没有了，但是在这许多年来，由于烟雨楼的迷人景色，在人们心目中仍记忆犹新，一些文人墨客，时时道及当年的繁华景象，就像烟雨楼还存在着一样。

　　所以当湖心楼建成后，就自然沿用了烟雨楼的名字。从此，烟雨楼就由湖滨移入湖中的小岛上。

　　烟雨楼落成后，知府赵瀛的下官范言作了《重建烟雨楼记》，刊碑石立在烟雨楼后。范言的《重建烟雨楼记》开首便说：

　　　　郡守山左赵公，重建烟雨楼成。

　　自从嘉兴知府赵瀛重建烟雨楼起，这座在嘉兴人心目中引以为自豪的名楼，开始有了比较详确的记载，成为各个历史阶段时代风云的见证！

据明代《嘉兴县志》记述：

> 滮湖亦称南湖，西侧灯含宰渚，北则虹饮濠梁。倚水千家，背城百雉，蒹霞杨柳，菱叶荷花，绿漫波光，碧开天影，雕舷笙瑟，靡间凉燠，此一方最胜处也。

此后，由于倭寇作乱，烟雨楼多有损坏。直至1571年，嘉湖兵备道沈奎才重修了烟雨楼，并作《烟雨楼赋》。沈奎还在楼前临湖处垒了一石台，以"极目从游，浩然远适"。

1581年，龚勉任嘉兴知府。他刚到嘉兴上任不久就与朋友、同事登临烟雨楼，见"楼已圮不可登"，不禁喟然说："此郡之大观也，

岂宜久湮？"

　　于是，1582年，龚勉主持重修了烟雨楼。"楼仍其朴，而易其材，务令可久。"他把沈奎之前垒在楼前的石台增高，并列级而降，以便临湖垂钓。

　　与此同时，他将该石台命名为"钓鳌矶"，亲自写下了"钓鳌矶"三个大字，刊成石碑，嵌在石台之下，以示期望嘉兴府城中的读书人，在进京赴试时都能得中功名，独占鳌头。

　　据说，就在"钓鳌矶"筑成的第二年，嘉兴县举人朱国祚果然就应了"钓鳌"的吉兆，得中了状元。从此之后，烟雨楼不再仅仅作为登临游览的胜地，而是成为"有关一郡文风"的象征了。

　　1583年，龚勉在烟雨楼前，建造了一座以供奉观音菩萨的大士阁，并列入了"瀛洲胜境"之一。从此烟雨楼不再单纯是一个游览之地了。大士阁坐南朝北，面对城墙。

　　站在烟雨楼上，可"左凭郊野，诸园亭榭，近列槛前。右俯城郭，华屋万家，毕入望内。其环湖以居者，又相为映带，而湖波浩涉，一望烟雨杳霭，恍然蓬瀛也。"

重修烟雨楼之后，龚勉亲自写了一篇《重修烟雨楼记》以记其事。此外，他还著有《烟雨楼志》四卷，但该书后来失传。

龚勉在嘉兴任知府时，除了重修烟雨楼，恢复名胜古迹外，还开浚城河，便利农田灌溉，方便舟船往来，做了一些对百姓有益的事情，民众大为称赞。

1588年，龚勉因政绩卓著，升任浙江右参政，掌管金华、衢州和严州三府。两年后又升按察使，接着又升任为浙江右布政使。

在龚勉任嘉兴知府时，当时有人将烟雨楼荷花池畔的一座亭子改作了龚公祠，用来纪念他为嘉兴人民所做的功绩。

当时，龚公祠祠中置有祠产水田若干亩，该项收入由祠内和尚掌管，用来支付春秋二季祭祀。

据史料记载，明代时，外地有不少人都知道嘉兴有"烟雨楼"。

明代著名诗人、隆庆年间进士陈履邀友登烟雨楼后，写有《春日邀彦吉集烟雨楼》，对南湖及烟雨楼景观进行了一番盛赞：

秀州城南烟水多，当年此地频经过。

同游俱是高阳侣，临风呼酒还悲歌。

湖上高楼锁烟雨，岁久荒凉已非故。

周遭雨浦只菰蒲，来往烟汀但鸥鹭。

此时游客皆大惊，一方胜景徒有名。

酒酣倚剑湖天暮，唏嘘咸喟空含情。

不堪岁月随流水，世路萍踪渺难疑。

镜里星霜十二秋，眼中烟水三千里。

今日重来觅旧游，更邀词客同登楼。

雕窗洞豁霞光入，倚槛交疏翠色浮。

翠色霞光纷不了，词客凭虚驰吟眺。

豪怀勃勃薄晴霄，共倚春风发长啸。

人间世事多乘除，向时感慨今欢娱。

与君五进杯中酒，风光此后知何如。

1600年，嘉兴知府刘应钶又一度修葺烟雨楼。

1605年，当时擅长书法的董其昌游览烟雨楼。滮湖此时已经改称为放生池，董其昌写"鱼乐国"碑，立于放生池边。车大任撰《鱼乐国碑记》。

1632年，烟雨楼不幸失火，嘉兴知府李化民再度重新建楼。官员岳元声撰写《重建烟雨楼碑记》。文学家李日华将《重建烟雨楼碑记》勒石立碑。

明末官员吴昌时在嘉兴南湖西北岸，面对烟雨楼大门，兴建了一所私家园林，它临水而筑，并伸进南湖，园林一半在湖中。此园初

建时，称为"南湖渚室"，或称作"竹亭湖墅"，后来改称为"勺园"，是因为有种说法是其形像一把勺子。

1640年，诗人钱谦益游览烟雨楼时，与当时的名妓柳如是就是在此园中定情的。后来吴昌时被杀，勺园迅速没落，最终成为渔村。

1644年，清兵入关，建立清朝。1646年，嘉兴人民抗清斗争失败，致使烟雨楼被毁，"鱼乐国"碑被盗卖到了平湖。

也就是说，嘉兴烟雨楼自1549年知府赵瀛创建于湖中小岛上，其后经过多次重修、扩建，成为江南一座名楼。然而抗清一战，使它自1645年后大约30多年的时间里，化为一片废墟，只保存了一个名称，成了诗人们怀古伤今的凭吊之所。

在南湖的风景中，可登高望远的，还有湖边的塔寺。与烟雨楼紧邻的小南湖边的壕股塔、西南湖边的真如塔，都是休整身心的好去处。

1089年，北宋著名文学家苏轼被贬杭州后就曾去那里散心。那年冬天，他和父亲及弟弟一行人到嘉兴南湖游玩。三人游完南湖，登真如塔，最后到真如寺时，正值大雪纷飞。

寺内和尚见三人乃名闻天下的三苏，立即去挑水烧茶。

苏东坡手指积雪道：不必挑水了，我们煮雪泡茶，岂不更有诗意。

三人喝了数杯暖肚后，就开始对联作文，"东塔寺和尚朝南坐北吃西瓜；春水庵尼姑自夏至冬穿秋衣"……

在那个大雪天里，这个煮雪泡茶作对联的雅事，就被后来的文人传抄了下来。

知识点滴

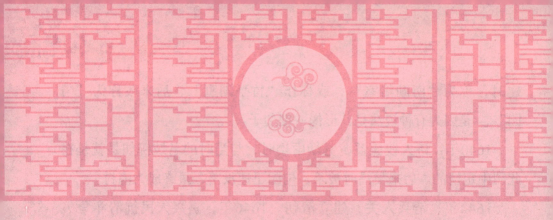

修缮与再建之后的烟雨楼

至清末年，烟雨楼历经修建，逐渐形成了以烟雨楼为主体的古园林建筑群，亭台楼阁、假山回廊、古树碑刻，错落有致，是典型的江南园林。后来由于战乱，烟雨楼又经多次被毁与重建。

直到嘉兴知事张昌庆募捐重建烟雨楼，同时国家大力修葺，才使

古老的园林焕发新貌，形成后来人们看到的格局。

　　整个烟雨楼全园占地11亩，园内楼、堂、亭、阁错列，园周短墙曲栏围绕，四面长堤回环。

　　烟雨楼入口处是清晖堂，清晖堂隐喻清政府能与日月同辉。

　　在清晖堂两侧厢房菱香水谢和菰云簃，都在濒湖水边。夏日，在此倚栏远眺，只见接天菱叶无穷碧，湖上轻烟漠漠，菱花送香，真如置身水晶宫殿之中。

　　烟雨楼后花园，有形状奇绝、错落有致的观音阁，三楹二层，原来里面供奉的是观音像，后来因为被毁，又重新修建后，里面改为嘉兴名胜老照片展。

　　清晖堂后为东御碑亭，中竖石碑，刻有乾隆第二次游南湖的题诗《烟雨楼即景》。

　　经御碑亭进内就是烟雨楼正楼，是嘉兴南湖湖心岛上的主要建筑，后来"烟雨楼"成为了岛上整个园林的泛称。

　　此楼建筑面积640余平方米，自南而北，前为门殿三间，后有楼两

层，高约20米，面阔五间，进深两间。重檐画栋，朱柱明窗，外加四周走廊，外观雄伟壮丽，在绿树掩映下，更显雄伟，气势非凡。

在烟雨楼正楼前檐，悬后来书的"烟雨楼"匾额，二层中间悬乾隆御书"烟雨楼"匾额。楼下正厅也曾书有一副楹联，书体端正劲挺，堪称一代楷模。楼上下均有回廊环通，登楼凭栏远眺，田园湖光尽在眼底。每当夏秋之季，烟雨弥漫，不啻山水画卷。

烟雨楼正楼的大堂两边高凳排列，嘉兴知府许瑶光书"南湖烟雨"诗撰刻于墙壁，笔锋遒劲有力，其中几块墨色的板碑上刻着画，寥寥数笔，将江南烟雨勾勒得淋漓尽致。

"分烟话雨"匾额悬挂中堂之上，厅内凉风习习，似有烟雨从湖面吹来。有诗云：

烟雨楼台听春雨，清风轻拂和细语。
分烟话雨伊人去，落花还恋静夜雨。

在烟雨楼中，还有许多石刻，如宋代著名书画家苏轼、黄庭坚和米芾的题刻，元代著名书画家吴镇竹画刻石及后来的墓志铭碑刻等都较为著名。

在烟雨楼正楼东为青杨书屋，西为对山斋，均三间。东北为八角轩一座，东南为四角方亭一座。西南垒石为山，山下洞穴迂回，可沿石蹬盘旋而上，山顶有六角敞亭，名"翼亭"。

烟雨楼正楼前是开阔平台，有两棵古银杏树参天挺立。台外栏杆下有"钓鳌矶"刻石。平台东南侧，即乾隆游南湖的另一处"御碑亭"。

此外，楼前还有一荷池，形如南湖特产"无角菱"；设有烟雨长廊，廊棚为砖木结构，中间有一段最为出色，有翻转轩两层雕刻花纹。

在烟雨楼正楼后，假山巧峙，花木扶疏。假山由太湖石叠成，相传为有名造园家所作，后倾圮零乱，在重建时被堆垒成虎豹狮象形状，形象逼真，威武可爱。假山西北，亭阁错落排列，回顾曲径相连，玲珑精致，各具情趣。

鱼乐国建筑群由宝梅亭、来许亭、鉴亭、出鉴亭等建筑构成。自

宝梅亭前行，依次为来许亭、鉴亭。

揽秀园是后来兴建的一座文物碑刻园，坐落在嘉兴南湖西岸文星桥畔，占地11300余平方米。园以碑廊为中心，西为古建筑，内设晚清著名书画家，海上画派创始人蒲华纪念室。两侧长廊上嵌有"清仪阁""停云馆""小灵鹫山馆图咏"刻石。

其中，包括了园内珍藏的嘉兴历代碑刻84块及唐代著名画家吴道子手绘"出海观音"石刻以及元代重修嘉兴路总管府学碑记等。

这些作品均出自历代著名的书画家之手，如明代的画家、书法家、文学家文徵明，清代著名的书画家、篆刻家赵之谦，晚清的诗人、画家、书法家何绍基以及晚清时期著名国画家、书法家、篆刻家吴昌硕。

在"嘉兴府学重修明伦堂记"碑廊东侧为园林区，有菱香阁、三过亭、垂钓池等。三过亭是为纪念宋代大文豪苏东坡三到嘉兴本觉寺而建的。

　　碑廊东南为菱香阁，登阁远眺，绿树掩映中的小瀛洲隐约可见。在揽秀园东的文星桥为三孔石环桥，跨径38米，宽3.5米，有石阶梯约50步。

　　小灌洲为湖中小岛，与湖心岛上的烟雨楼南北相望，旧称"小瀛洲"，俗称"小南湖"。清代疏浚市河，堆泥于此，就形成了一分水墩，原来是渔民的晒网之地，后来逐渐发展为游览胜处。

　　清光绪年间，嘉兴民间"惜字会"在岛北部建仓圣祠三间，供祀黄帝时期造字的史官、被尊为"造字圣人"的仓颉。

　　在仓圣祠祠南有"舞蛟石"，为江南名石，又名"蛇蟠石"，历代文献屡有记载，古人赞美此石"怒目探爪""若饥蛟挐舞"。相传为唐代故物，也有说是北宋末年"花石纲"遗物。石上刻有篆书"舞蛟"两字，相传为元代大书法家赵孟頫所书。

　　小瀛洲岛北为湖滨公园，有九曲桥相连。园地有20余亩，树青草绿，有亭临湖，坐憩其间，得心旷神怡之趣。壕股塔院壕股塔是古时嘉兴七塔八寺之一，因北临城濠，水曲如股而得名。

后来，重建的壕股塔位于南湖西侧的南湖渔村之中，塔高63.36米，七层，为阁楼式塔，四周有回廊，沿袭宋代建筑风格。每层的四角翘檐上搁置一个精致佛像，下面垂挂古朴风铃，呈现"影荡玻璃碎，风铃柳外高"的意境。

南湖渔村位于南湖西北，据《烟雨楼史话》记载：是明代勺园旧址，勺园初建时面积并不大，但到处是楼台亭榭，假山峭削，青松苍翠，秋枫红醉；池中荷花，北背城壕，烟雨楼台，近在咫尺，园楼相对，形成了一个由水系为纽带的建筑群体，环境相当幽雅。

知识点滴

乾隆皇帝八上烟雨楼，在当时社会起了一个轰动的效应。南湖和烟雨楼的名胜吸引了更多游客的好奇，皇帝吃过的、用过的、留下的东西，皇帝住的地方，皇帝乘的船，甚至陪同皇帝的官员，都被传言得有声有色。

在民间，关于南湖菱，就流行着一个神奇的传说。据说，当年乾隆到嘉兴时，当地的官员准备了南湖菱给皇帝品尝。当时的南湖菱长着尖角，乾隆皇帝不小心被刺了一下。于是，他就下令菱花仙子不能让南湖菱长尖角。

第二年，南湖菱便真的不再长角了。从此之后南湖里的菱就一直是没有角的样子，像馄饨又像元宝，民间将它称为馄饨菱、元宝菱。

烟台蓬莱阁

　　蓬莱阁坐落于烟台蓬莱城北处的丹崖山巅，建于1061年，曾是古代登州府署所在地，也是我国古代传说中的"八仙过海"之地，因阁下面临大海，建筑凌空，海雾四季飘绕，素有"仙境"之称。

　　蓬莱阁为我国古代道教名胜之一，主要由蓬莱阁、天后宫、龙五宫、吕祖殿、三清殿和弥陀寺六大单体及其附属建筑组成规模宏大的古建筑群，面积1.89万平方千米。

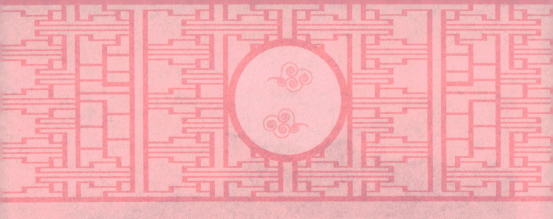

古代三神山传说中的仙境

　　自古以来，山东烟台蓬莱就与神仙文化结下了不解之缘，素有"仙境"之称，传说蓬莱、瀛洲和方丈是海中的三座神山，为神仙居住的地方，"蓬莱乃神仙之都，上帝游息之地，海水正黑为溟渤，无

风而为波浪，万丈不可往来，惟飞仙间能到者"。

在我国古代，很早就有"三山"之说。"三山"就是指蓬莱、方丈和瀛洲。由于蓬莱是三座神山之一，所以有"到了蓬莱就进入了仙境"之说。

秦汉时期，秦始皇和汉武帝多次巡幸来此求仙、望仙；传说汉武帝多次驾临山东半岛，登上突入渤海的丹崖山，寻求"蓬莱仙境"，加之"蓬莱"地名由汉武帝赐名，蓬莱一时成为天下注目之地。

此后，"蓬莱"两字成了人们对仙境的代指。凡是美如仙境的地方，大都用蓬莱来命名。

如唐朝的大明宫，别称"蓬莱宫"；唐代大诗人李白的诗篇中也有"蓬莱文章建安骨"的名句；还有如浙江的普陀山、福建的莆田和海南的东山岭等，都有以蓬莱命名的景物。

唐代贞观年间，渔民们在丹崖山极顶修建了龙王庙。后来因皇室

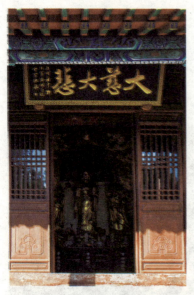

特别崇奉道教，在唐代开元年间，蓬莱建造了一座三清殿，以供奉三清，分别是：中间的是玉清元始天尊，手拿红珠；东边是上清灵宝道君，手拿太极图；西边的是太清太上老君，手拿扇子，太上老君就是我国道教学派的创始人老子。

在唐代还建有弥陀寺，它是蓬莱阁内唯一的佛教寺庙。该寺曾盛极一时，后因唐武宗李炎禁佛，虽没有遭到拆除之灾，但也一度僧尼还俗，门庭冷落。

宋代以后，朝廷为巩固政权需要，大力宣扬关羽的"忠义"，在弥陀寺的东边建了一座关公殿，中间主尊为"关公"，他是我国东汉末年西蜀名将关羽，官拜前将军、汉寿亭侯爵位。由此，关羽地位不断提高。

知识点滴

古代蓬莱是三神山传说的发源地，有东方神话故事之都的美称， 在蓬莱的神话传说中，以宋代流传于登州的"八仙过海"传说为最著名。

而广为流传的"八仙过海"的神话传说，就是源于古代蓬莱，相传吕洞宾、铁拐李、张果老、汉钟离、曹国舅、何仙姑、蓝采和和韩湘子八位神仙，在蓬莱阁醉酒后，凭借各自的宝器，凌波踏浪、漂洋渡海而去，留下"八仙过海、各显其能"的美丽传说。

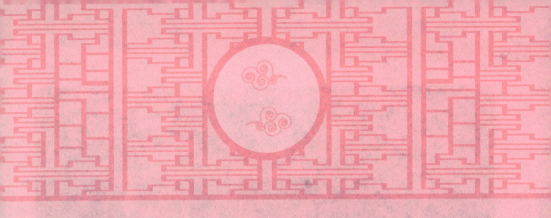

宋代始建蓬莱阁建筑群

在宋代，蓬莱阁是古代登州府署所在地，管辖着九个县一个州，是当时我国东方的门户。

1042年，北宋就已在此始建边防水寨"刁鱼寨"，是我国古代北方重要的对外贸易口岸和军港。它与我国东南沿海的泉州、明州，就

是后来的宁波和扬州，并称为我国"四大通商口岸"，是我国保存最完好的古代海军基地。蓬莱依山傍海，所以又以"山海名邦"著称于世，山光水色堪称一绝。

1061年，唐代所建的龙王庙被移到丹崖山半腰西侧、后来改名为"丹崖仙境坊"的西北。同年，宋人在此大兴土木，始建蓬莱阁。

蓬莱阁的主体建筑矗立于蓬莱北濒海的丹崖极顶，阁楼高15米，坐北面南，是双层木结构建筑，阁上四周环以明廊，可供游人登临远眺，是观赏"蓬莱云海"奇异景观的最佳处所。

"蓬莱云海"是在山东蓬莱地域出现的云海现象，属于景观资源和奇特的大气物理现象的综合景观特征。

在一定条件下，蓬莱海面形成云层，并且云顶高度低，贴近海面海岸。此时，漫无边际的云，如海波峰涌，浪花拍岸。

当云海上升到一定高度，偶尔会在空中或"地下"出现高大楼台、城郭、树木等幻景，时隐时现于"波涛"之上，云雾烘托，扑朔迷离，怪景愈怪，云峰奇海，为蓬莱海岸增添诱人的艺术魅力。

　　古时，蓬莱海面上常出现这种幻景，古人归因于蛟龙之属的蜃，吐气而成楼台城郭，因而称此奇观为"海市蜃楼"。虚幻的琼楼玉宇为古老的"蓬莱仙境"增添了神奇的色彩。

　　北宋著名科学家、改革家沈括，在他的笔记体著作《梦溪笔谈》里有这样的记载：

　　　　登州海中时有云气，如宫室台观，城堞人物，车马冠盖，历历可睹。

　　这是沈括在蓬莱游玩时亲眼所看到的海市蜃景。而古时蓬莱正是因为有"海市蜃楼"奇观和"八仙过海"的美传，而以"人间仙境"著称于世。

世传蓬莱有十处仙景，而"海市蜃楼"便为一奇观。每年春夏，夏秋之交，空晴海静之日，时有海市出现，海上劈面立起一片山峦，或奇峰突起，或琼楼迭现，时分时聚，缥缈难测，不由人不心醉神迷。

千百年来，慕名而至的文人墨客络绎不绝，虽然大饱眼福的人不过十之一二，却留存了观海述景的题刻200余方。

由于蓬莱得天独厚的地理环境，这里不仅一年四季景色有异，就连一日之间也变幻无穷。

蓬莱阁因建于山顶最高峰，远远望去，楼亭殿阁掩映在绿树丛中，高踞山崖之上，恍如神话中的仙宫。所以，蓬莱阁上是观赏"蓬莱十大景"中"仙阁凌空""渔梁歌钓"二景的最佳观景处。

在宋代时期，蓬莱阁除主要兴建了蓬莱阁楼外，还建有仙人桥、苏公祠、卧碑亭、天后宫、宾日楼和子孙殿等建筑。

后来，人们把三清殿、弥陀寺、苏公祠、天后宫、龙王宫、蓬莱

阁和后来兴建的吕祖殿等不同的祠庙殿堂、阁楼和亭坊组成的建筑群，统称为蓬莱阁。

位于蓬莱阁下的仙人桥，结构精美，造型奇特，传说为"八仙"过海的地方。

蓬莱阁自古为名人学士雅集之地，阁内各亭、殿、廊、墙之间，楹联、碑文、石表、碑碣、琳琅满目，比比皆是，翰墨流芳，为仙阁增色不少。

苏公祠位于卧碑亭东侧，为轩亭建筑。据记载，苏轼知登州不过五日，即上《乞罢登莱榷盐状》，登莱百姓因苏公之请，不食官盐的制度后来一直延续下来。清代的盐政碑记中记载：

有宋时，苏文忠公，莅任五日即上榷盐书，为民图休息，士人至今把之，盖非以文章把，实以治绩也。

　　为怀念北宋著名文学家、书画家苏轼，宋人建了苏公祠。苏公祠祠堂内塑立有苏轼肖像刻石拓本。内外壁嵌刻石20余方，其中内壁的苏轼《海市诗》《望海》及后来的《观海》和临《海市诗》楷书刻石尤为珍贵。

　　卧碑亭坐落在丹崖山古建筑群的东北侧，面北而立，因亭内存有北宋著名文学家、书画家苏轼的《海市诗》和《题吴道子画后》横幅碑刻而得名。

　　其实，这卧碑亭并不是一座亭式建筑，而是与其他建筑相连接的一座卷棚庑式屋宇，因为苏轼的两件手迹都是横幅，刊刻在横置的长方形碑石上，所以被人们称为"卧碑"。卧碑的长为217厘米，高92厘米，正面刻的《题吴道子画后》，背面刻的《海市诗》。

　　1085年，苏轼来到登州为官。但是仅仅五日，便接到还朝的调令。在他离开登州之前，有幸看到了令人神往的海市奇观，欣喜之余，便写下了著名的七言古诗《登州海市》：

东方云海空复空，　群仙出没空明中。

荡摇浮世生万象，　岂有贝阙藏珠宫？

心知所见皆幻影，　敢以耳目烦神工。

岁寒水冷天地闭，　为我起蛰鞭鱼龙。

重楼翠阜出霜晓，　异事惊倒百岁翁。

人间所得容力取，　世外无物谁为雄。

率然有请不我拒，　信我人厄非天穷。

潮阳太守南迁归，　喜见石廪堆祝融。

自言正直动山鬼，　不知造物哀龙钟。

伸眉一笑岂易得，　神之报汝亦已丰。

斜阳万里孤鸟没，　但见碧海磨青铜。

新诗绮语亦安用，　相与变灭随东风。

苏轼以兴奋的心情记叙了观看海市的全过程和感想体会，成为古今鉴赏的名篇，历代不乏注释赏析的文字，同时，翰墨流传，也为蓬莱的海山大增色彩，登州海市、丹崖仙阁，也从此闻名遐迩，名重天下了。

卧碑的另一面刊刻的是苏轼的《书吴道子画后》和《跋吴道子地狱变相》两文的节录：

道子画圣也。出新意于法度之中，寄妙想于豪放之外，盖所谓游刃有余，运斤成风者耶！

碑文将《书吴道子画后》和《跋吴道子地狱变相》两文合二为一，是苏轼写给当时客居蓬莱的河内史全叔的。

另据《东坡志林》记载，苏轼在蓬莱还画过一幅枯木竹石图，

"自谓此来之绝"，也给了这位史全叔，可见苏史的过从甚密。

苏轼离开登州以后，史全叔为纪念一代文宗苏轼，便首先想到把他的《海市诗》摹勒上石，以垂久远。而当时摹勒之事是难以放大与缩小的，所以只有照纸幅的尺寸确定石之大小。

但在《海市诗》刻竣时，史全叔又发现碑石的背面尚可刊刻，于是史氏就所藏选出了《书吴道子画后》手迹，所憾此纸比之《海市诗》手迹短了几行，于是另选有关手迹填满，然后才刻成卧碑。因为卧碑亭卧碑的墨迹出自一代文宗苏轼之手，所以备受人们珍视，整个卧碑也便成了蓬莱阁上的文物珍品。

宾日楼也叫"望日楼"，位于苏公祠东邻，建于宋代，为八角十六柱双层砖木结构楼阁式建筑。楼体八棱，南侧与吕祖殿联为一体。

底层外侧明廊，楼内有木梯盘旋而上。二层周匝开圆窗八个，眼界极阔，可观八面景致，纳八面来风，是观赏海上日出的绝好所在，

可欣赏"日出扶桑"之景。

"日出扶桑"为"蓬莱十大景"之一,景致壮丽磅礴,别具一格。曾有《日出扶桑》诗云:

海云沆漭覆虞渊,竣乌宵腾羲驭还。

何必烛龙衔始出,沧波原是接长天。

扶桑,传为日出之处。苏轼述登州所见有"宾出日于丽谯,山川炳焕"的名句。清代诗人施闰章对此更有极细致的描写:

日初出时,一线横衾,如有方幅棱角,色深赤,如丹砂。已而,焰如火,外有绛帷浮动,不可方物。

久之,赤轮涌出,阴象乃圆,光彩散越。不弹指而离海数尺,其大如镜,其色如月矣。

蓬莱阁天后宫始建于宋崇宁年间，大约是1102年至1106年间，庙额为"灵祥"。

1122年，宋朝使者路允迪出使高丽王朝，因在海上遭遇狂风，后获得妈祖庇护，只剩下路允迪有惊无险。他回京后，奏明圣上，在蓬莱阁创建了天后宫，后来扩建到了48间的规模。

子孙殿是古时候求子求孙的地方，位于龙王宫正殿东侧，其正门就是天后宫一进院落西北耳门，门上有匾。殿为庙宇式建筑。殿额"熊罴赐梦"，取之《诗经小雅·斯干》篇，篇中有这样的句子：

吉梦维何，维熊维罴，
维熊维罴，男子之祥。

意思是，什么是吉梦？是熊是罴，只有熊罴才象征着男子的吉

祥。熊罴是凶猛的野兽，象征着勇敢的武士。因此，以"熊梦"或"熊罴入梦"为祝人生子吉祥语。

在子孙殿内东、北、西皆有高台，北高台上设联体神龛三个，中龛祀送子娘娘坐像，东西龛分别祀眼光娘娘和疹子娘娘坐像。东西高台上分别立有麒麟送子、天王送子组塑。

此殿主祀送子娘娘。眼光娘娘保佑儿童心明眼亮，志向远大。疹子娘娘保佑儿童顺利通过疹子关，因为旧时儿童麻疹死亡率极高，疹子娘娘便应运而生。殿内备有蒲团、香炉，殿前正门内南侧壁上设有"宝库"。此殿历来香火旺盛。

知识点滴

相传，很早以前，在古代渤海中有"蓬莱""方丈"和"瀛洲"三座神山。秦始皇嬴政统一六国后，为求大秦江山永固、个人长生不老，便慕名去"蓬莱"寻找神山，以求长生不死药。

秦始皇站在海边，眺望大海，只见海天尽头有一片红光浮动，便问随驾的方士那是什么，方士回答："那就是仙岛。"

秦始皇大喜，又问仙岛叫什么名？方士一时无法应答，忽见海中有水草漂浮，灵机一动，便以草名"蓬莱"作了回答。从此，"蓬莱"成为仙岛的地名。

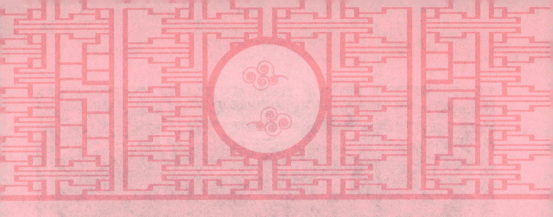

清代重建蓬莱阁建筑群

　　清代时期，蓬莱阁建筑群先后修缮、增建了天后宫、普照楼、吕祖殿和蓬莱阁等建筑。从此，蓬莱阁建筑群的布局及规模臻于完善。

　　蓬莱阁天后宫也因其历史悠久、规模雄伟而闻名遐迩。天后宫位于蓬莱阁的"丹崖仙境"牌楼后正中，占地面积约3000多平方米。

天后宫建筑结构为四进院落，南北朝向，自南向北依次为正门、钟鼓楼、戏楼、前殿、垂花门、东西庑、正殿东西耳房、后殿。

1826年，天后宫毁于火灾。第二年重修，把原来"灵祥"改为"显灵"，成为我国北方最大的天后宫之一。蓬莱阁天后宫与其他地方的天后宫设计大同小异，过正门，就是钟鼓楼。

钟鼓楼虽然不大，但很别致。在钟楼北侧通道间立有三块很有价值的碑记：《坤爻石记》《八松石亭记》和《重修白云宫、海神庙、天后宫、蓬莱阁记》，记述了蓬莱阁的沧桑。

一进院落除了钟鼓楼外，还有大戏楼，为木石结构的二层楼阁建筑，坐南朝北，面对天后宫前殿。一层有南北通道，二层半部为戏台，半部为演戏人员的活动处。戏楼上有一副对联：

乐奏钧天潮汐声中喧岛屿；

宫开碣石笙歌队里彻蓬瀛。

此联是戏楼的真实写照。传统上，这戏台是庙会演戏的地方，戏台面对天后宫是要演戏给妈祖看的意思。后来，每年农历正月十六天后宫庙会，都在戏台上演俚俗戏剧，已形成了特定的民俗。

戏台之后，就是蓬莱阁天后宫的前殿。前殿位于一进院落北端，也称"马殿"，内供嘉应、嘉佑两护神。宽11米多，进深6米多，门上额题"天后宫"，还有对联：

佑一方潮平岸阔；
护环海风正帆悬。

由前殿可进二、三进院落之间的垂花门。这垂花门是其他天后宫比较少见的。垂花门为单脊双出檐开山木结构建筑。

垂花门两边各有倒垂贴金花蕊，造型古朴别致。在封建社会，垂花门是显贵的象征，未经许可不得进入。

踏入垂花门就是天后宫三进院落。天后宫正殿坐落在这里。

正殿宽16米多，进深14米多，前明廊立柱四根，两两相对，额

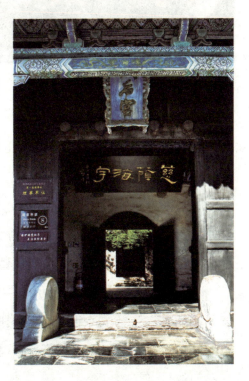

题"道德神仙"，明廊两边墙壁分别镶嵌《重修天后宫记》和《重修天后宫碑记》刻石。

殿内有八根金色柱子，其中有四根是铁力木，其木质地坚硬，经久不裂，使天后宫正殿坚固无比。正殿中央1米台上为三面大小水纹木格神龛，内供奉3米多高的天后雕塑像。

在天后左右两边，各立二侍女。殿内两侧皆为高台，塑有八尊神像，分别为四海龙王、传达天帝旨意的文官、手持万法归宗的文官、传达天后旨意的文官、掌管文印的文官。

这天后宫中，龙王为妈祖站班。据说，是因为宋使者路允迪出使高丽前曾经祭拜过龙王，要求庇佑，结果遇大风，"八舟溺七"。

后来因求妈祖显灵，才使路允迪免于遭难，所以龙王不如妈祖，只好为妈祖站班了！妈祖正殿因香火旺盛，在道光年间被火烧殆尽，后重建时在后照壁上刻写"乌龙压镇"，把火灾镇住。

四进院落是天后宫最后边的一座建筑物，也就是后殿，是妈祖她老人家的卧室，建有东西耳房，形制小巧，用料考究。檐下两端采用砖雕，有图有文，图文并茂。

后殿底层宽13米多，进深7米多，额题："福赐丹崖"，意为妈祖能福佑丹崖，丹崖为蓬莱阁地方的别称，因该地皆呈丹色。

殿内用雕花板隔二为三，刻雕各种故事："喜鹊登枝""松鹤迎年""福满四方"等。二楼为妈祖梳妆楼，宽13米多，进深5米多，摆设各种卧具。

蓬莱阁天后宫在建筑上有独特之处，更重要的是八仙道教、洋洋众仙，妈祖的神威令这些仙人们留下地盘，还为妈祖助威。

1868年，清廷为便于蓬莱水城的船舶夜行，专门在蓬莱阁东北角的丹崖绝壁之上，建造了一座用以导航的普照楼，又名"灯楼"。

楼高三层，为砖木结构，占地25平方米，楼体6棱，楼顶斗拱，内设扶梯盘旋而上。顶层木构，六柱支撑如亭状，周匝木扶栏。

在清代时，普照楼是蓬莱阁古建筑群的重要建筑之一，它与宾日楼、吕祖殿等共同组成仙境蓬莱的特征性标志。

1877年，为了宣扬吕洞宾"施医治病，惩恶扬善，行侠布道"的蓬莱精神，由知府贾湖、总兵王正起倡建吕祖殿。

吕祖殿位于宾日楼南，坐北朝南布局，由重门、正殿和东西两庑组成，皆为庙宇式建筑。

正殿为三开间硬山结构，北壁与宾日楼联体，长9米，进深8

米。殿内设高台神龛，中祀吕洞宾坐像，左右侍立药童和柳树精。

"寿"字碑位于正殿前明廊西端，"寿"字草书，笔力雄健，盘郁苍劲，碑下款署"光绪甲申仲冬勒于蓬莱丹崖之吕祖阁志斋郑锡鸿谨摹"。

吕祖殿东，有明朝大臣黄克缵的《东牟观兵夜宴蓬莱阁》诗刻石、姚延槐"海天一色"碑等。

在清代嘉庆、道光和光绪年间，位于天后宫西北丹崖绝顶的蓬莱阁楼均曾得以修葺，为双层木结构楼阁建筑，它坐北朝南，东、西两侧前方各筑偏房、耳房，对称分布。耳房也作门厅，有道路联结偏房及登阁石阶。

蓬莱阁楼前两耳房北山墙下均立有清代碑刻，共三方，系清朝历代对蓬莱阁及其附属建筑竣工后立下的纪念性碑刻。其中，西耳房北

有道光年间面东而立的《重修登州蓬莱阁记》，碑高2.3米，文以行体大字书就，颇有气势。

西耳房内西壁嵌有"日出扶桑""晚潮新月"等蓬莱十大景刻石十方，均为清代之物。西偏房内存有历代碑刻十余方，如《登州天桥闸口捐康挑沙记》碑、《重修蓬莱阁记》碑、《修登郡西道路记》碑、长白英文书法刻石等，均具较高的史学价值。

蓬莱阁楼底层长14多米，进深9多米，四面回廊，明柱16根。正门上方悬"蓬莱阁"巨匾，为清代书法家铁保手迹。

室内粉壁上原有历代遗留的诗文、题字和绘画。阁内北壁正中高悬清代书法名家铁保所书之"蓬莱阁"巨匾，字体雄强浑厚，劫后幸存，吉光片羽，弥足珍贵。

蓬莱阁楼内西壁悬挂有众多题诗和题联。室内木质梁柱彩绘"蓬莱十大景""八仙图""风竹图"等图案。周遭摆放八仙桌、八仙椅，中央塑有"八仙醉酒"组塑,是根据"八仙过海"传说中八仙在蓬莱阁上放浪形骸,酒醉后各显神通渡海遨游的情节创作的。

蓬莱阁底层北墙外壁嵌有"碧海清风""海不扬波""寰海镜清"大型刻石三方。"碧海清风"刻石为清代书法家鲁琪光墨宝。"海不扬波"刻石在中日甲午战争期间,不幸弹中,"不"字受损,其伤痕仍然清晰可见。粉壁上南海才子招子庸所绘之墨竹图等一批珍贵字画,也绝迹人间。

至清代末年,整个蓬莱阁建筑群规模宏大,总建筑面积达18900余平方米。蓬莱阁南有三清殿、吕祖殿、天后宫、龙王宫等道教宫观建筑;阁东有苏公祠,东南有观澜亭。

蓬莱阁西侧为海市亭,因其三面无窗,亭北临海处筑有短垣遮护,亭外海风狂啸,亭内却燃烛不灭,又名"避风亭",亭内墙壁上嵌有袁可立《观海市》诗石刻九方。整个建筑陡峭险峻,气势雄伟,朱碧辉映,风光壮丽。

知识点滴

在蓬莱阁天后宫正门前、戏楼两侧,各有红褐色的巨石三尊,两两相对,像"三台星"座,显得奇特极了。

古时,"三台星"是"星宿",也叫"三能星",属太微垣。为此,清代大学者阮元命名此石为"三台石",刻石嵌于天后宫前殿外壁上。

后来,蓬莱知府张鞾因六石排列形式像易经中的八卦之一坤卦"三三","爻"是易卦的基本符号,八卦变化取决于爻的变化,所以称它为"坤爻石"。据说,这是当年劈山建阁时特意留下作为点缀的。